Yo soy el chachachá

Orquesta América de Ninón Mondéjar

UNOSOTROS
MÚSICA

Ricardo R. Oropesa

© 2021 Ricardo R. Oropesa

©Unos&OtrosEdiciones, 2021

ISBN- 978-1-950424-61-0

Título: Yo soy el chachachá. Orquesta América de Ninón Mondejar

Edición: Armando Nuviola

Correciones: Diana Fernández Fernández

© Ricardo R. Oropesa

UNOSOTROS
EDICIONES

www.unosotrosediciones.com

Un publicación de UnosOtrosEdiciones

Hecho en Estados Unidos de America, 2021

Serían las diez de la noche y entonces estaba en su punto el baile. Bailábase con furor. Decimos con furor, porque no encontramos término que pinte más al vivo aquel mover incesante de pies, arrastrándolos muellemente junto con el cuerpo al compás de la música; aquel revolverse y estrujarse en medio de la apiñada multitud de bailadores y mirones, y aquel subir y bajar la danza sin tregua ni respiro. Por sobre el ruido de la orquesta con sus estrepitosos timbales, podía oírse, en perfecto tiempo con la música, el monótono y continuo chis, chas de los pies; sin cuyo requisito no cree la gente de color que se puede llevar el compás con exacta medida en la danza criolla.

En la época a que nos referimos, estaban en boga las contradanzas de figuras, algunas difíciles y complicadas, tanto que era preciso aprenderlas por principio antes de ponerse a ejecutarlas, pues se exponía a la risa del público el que las equivocaba, equivocación a que decían perderse. Aquel que se colocaba a la cabeza de la danza ponía la figura, y las demás parejas debían ejecutarla o retirarse de las filas. En todas las cunas generalmente había algún maestro a quien cedían o se tomaba el derecho de poner la figura, la misma que al volver a la cabeza de la danza la cambiaba a su antojo. El que más raras y complicadas figuras ponía, más crédito ganaba de excelente bailador, y se tenía a honra entre las mujeres el ser su compañera o pareja. Con el maestro per se, fuera de esa distinción, que se disputaba a veces, había la seguridad de no perderse, ni verse en la triste necesidad de sentarse, sin haber bailado, después de haberse colocado en las filas de la danza.[1]

---

[1]. Cirilo Villaverde: *Cecilia Valdés o La Loma del Ángel,* FreeEditorial (versión digital), capítulo V, año 2018, p. 33.

ÍNDICE

Anacario Crispiniano Mondéjar Soto, Ninón Mondéjar.
Foto dedicada a su mamá y hermanas cuando cantaba
en el trío de la Emisora radial CMX y siendo dirigente del
Partido Socialista Popular (PSP) en el barrio Los Positos de
Marianao. 1940.

PRÓLOGO

Un desacuerdo, *a menudo público, que involucra diferentes ideas u opiniones sobre cualquier tópico constituye una legítima controversia*; y, por definición, una paradoja es una afirmación que incorpora contradicción e implica así, su propia negación.

Para quien nació y creció en el teatro de los acontecimientos, pero que no vivió la época del suceso, aun cuando sí tuvo la oportunidad de conocer en persona a uno de los protagonistas de la historia que aquí nos ocupa, es imposible desconectarse de la música y, por supuesto, de la narrativa polémica asociada con dicha historia. Tal vez, la propuesta ha estado latente en la mente del autor por años, ya que pasó mucho tiempo no solo oyendo las leyendas, sino también leyendo las crónicas de la época, así como del ritmo en cuestión, el chachachá. Y lo que es habitual en un adolescente, su interés se amplió a una ancha franja de la cultura coligada con la música popular cubana, estaba ávido de información sobre lo que escuchaba y los individuos responsables por la creación de esos sonidos, los hacedores de esas melodías que le fascinaban y que en ocasiones le motivaran a incursionar e incorporarse de forma activa a su dinámica.

Sin embargo, cuando se hablaba del chachachá, todo el mundo aseguraba conocer la historia, pero nadie parecía prestar atención detenida a toda esa burda trama que se había forjado alrededor de su génesis y sus supuestos progenitores. No era posible encontrar una crónica contemporánea acerca de la innovadora variante musical y su nacimiento, que careciera de ciertos prejuicios característicos de la época. Es aquí donde al parecer yace el detalle causal de lo escrito por el autor, que a su vez generó en él cierto dilema: ¿cómo hacer un relato ecuánime?, ya que idealmente, una biografía debe ser una ilusión bien organizada que recrea una vibrante impresión de vida y no una insensible colección de documentos y hechos históricos precisos que resemblan la frígida rigidez de un parte necrópsico.

Ahora, referir la historia de modo fehaciente o crear un cuento falible, esa es la gran disyuntiva que enfrenta quien decide ocuparse de explorar vicisitudes en la vida de un personaje reconocido. En contraste con escritos del todo ficticios, la narrativa biográfica delimita la creatividad del escritor, ya que debe estar cimentada, con rigor, en hechos históricos precisos, bien documentados y, con frecuencia, en relatos reales de la vida de un sujeto después de su muerte. En esencia, la manera que un escritor establece para desarrollar el tema biográfico está determinada por la distancia cronológica que separa a sujeto y escritor. De ahí surge la necesidad imperativa, para el narrador, de bifurcar su esfuerzo y asumir también el papel de escéptico investigador mientras mantiene su condición de cronista imparcial.

Una investigación puede ser observacional y los resultados se obtienen en la práctica una vez iniciada aquella Es lamentable que, en situaciones como esta, resulte imposible efectuar ese tipo de indagatoria ya que los protagonistas y posibles testigos dejaron de existir. La única alternativa que queda disponible es realizar un estudio retrospectivo, desde cierto punto hacia el pasado, y así tratar de ubicarse en el espacio de tiempo en el cual acaeció aquello que pretende presentar al lector. El investigador responsable planifica la pesquisa mucho antes de iniciar la exploración y determina el tipo de información que ha de perseguir y qué datos específicos habrá de utilizar en su cometido. Es obvio, que, en búsquedas retrospectivas, la labor debe llevarse a cabo sobre información y datos bien acreditados o corroborados, por lo que es mandatorio abstenerse de adicionar nada algo nuevo o aquello que puede ser considerado una deducción lógica personal, ya que al sucumbir ante esta tentación se cae indebidamente en el campo de la especulación—algo que debe ser evitado a toda costa y de lo cual se abstiene el autor.

Así, la responsabilidad del investigador y/o escritor es simple y clara: poner a disposición de potenciales lectores, eruditos, neófitos y público en general, todos los datos de válido origen obtenidos de forma previa por reconocidos escritores y serios investigadores que se sabe, utilizaron las mejores prácticas aceptadas como norma del oficio, excluyendo solo aquello que no sea relativo o necesario de acuerdo con las mismas prácticas. Es esencial que investigadores y escritores puedan realizar su cometido sin presiones indebidas y sin temor a censura o represalias tras la exposición del resultado final de su labor.

Por consiguiente, visto en retrospectiva, durante los breves años en que el excitante chachachá dominó la escena, las posibilidades debieron haber parecido ilimitadas para sus creadores y cultores. Ahora, si el chachachá de inicios de la década del cincuenta no logró cristalizar las aspiraciones individuales de sus creadores en cuanto a supervivencia y longevidad, se puede decir que en un nivel puramente cultural tuvo un éxito más allá de los irracionales sueños que cualquiera de ellos pudiese haber tenido. La novel variante rítmica no solo demostró ser más que una moda pasajera o un episodio de arrebatadora locura colectiva para los bailadores, sino que también, como la vanguardia de un movimiento cultural cambiante, proporcionó el modelo para todas las oleadas que más tarde surgieron en la música afrocubana. Es posible razonar que el chachachá fue una nota promisoria nunca hecha efectiva, una quimera más que jamás habría de convertirse en realidad, pero que mientras sobrevivió, el sueño hubo de continuar latente para todos.

En música, las nuevas tendencias y variantes son usualmente, resultado directo e ineludible de un lento proceso de evolución y renovación constante cuyo producto final, es obvio, no se materializa de la noche a la mañana. Por ejemplo, un ritmo determinado puede generar múltiples variaciones que de manera eventual podrían ser reconocidas como variantes de lo original, ya que poseen y conservan ciertas características afines, identificables con facilidad, que asimismo lo determinan. En consecuencia, cuando un ritmo se constituye en género, es común que las versiones existentes, así como aquellas que puedan surgir más tarde, son consideradas constituyentes de un complejo genérico específico y no elementos independientes producto de la absurda generación espontánea.

Un caso notable que demuestra la validez histórica de este lento proceso es la criollización de la *Contredanse française* —género este, que hizo aparición como *Country Dance* en Inglaterra a mediados del siglo xvi, pero, cuyo verdadero lugar de nacimiento todavía hoy se discute, ya que algunos historiadores le dan un origen francés previo. Ya fuere inglés o francés, es sabido que de Francia la variante danzaría paso a España, Italia y el resto de Europa, hasta la otrora Nuevo Mundo. A partir de finales del Siglo xviii, la contradanza europea afectada mayormente por un elemento específico: el cin-quillo—una figura o célula rítmica procedente del África subsaha-riana y de uso común en la música de muchos países con influencia africana considerado el componente rítmico de mayor influencia en el desarrollo y evolución de la música popular afrocubana que con la superposición de acentos irregulares característicos marcó la diferencia en la forma de la contradanza europea y dio así origen a la versión criolla o contradanza cubana («San Pascual Bailón», 1803), que a su vez engendró la habanera («El amor en el baile», 1842) y más tarde el danzón («Las alturas de Simpson», 1879), antecesor directo e indiscutible del chachachá («La engañadora», 1951). Este último tema que fuera originalmente descrito como «mambo-rumba», carente en su estructura del esencial cinquillo, es sin duda alguna resultante indefectible de este parsimonioso pero eficaz proceso evolutivo.

Se debe aquí anotar que tanto en el caso de la contradanza como en el danzón, se aduce que ambas variantes estaban en práctica antes del surgimiento de los temas considerados primigenios de los respectivos géneros antes mencionados. También, es innegable que la célula rítmica base de lo que más tarde habría de denominarse ritmo chachachá ya estaba presente en la parte "C" del danzón o, para esa época, «danzón de nuevo ritmo», en la década del cuarenta.

Ahora, la alocada idea o remota posibilidad de que un indivi-duo músico creativo, por genial que sea o por grandes que sean sus pretensiones, se siente ante el piano o esgrima cualquier otro instrumento con el propósito de concebir un nuevo ritmo es tan inconcebible insólito como el advenimiento de ese mítico y elusivo momento cuando se enciende la bombilla y… *¡Et voila!* Para alcanzar ese difícil objetivo, la inédita creación debería carecer absolutamente, en carácter y estructura, de elementos preexistentes. Por el contra-rio, el surgimiento de una nueva variante rítmica o melódica está al entero alcance de cualquier individuo ya que puede brotar por accidente o ser creada ideada de forma intencional por aquel que posee el debido conocimiento a través de la manipulación de acentos, pausas y repeticiones propias de un patrón rítmico establecido con anterioridad. Una célula rítmica consiste en una sucesión de dos o más valores musicales y se considera el elemento constituyente más pequeño de la idea musical. El ritmo está sujeto al tempo que determina su celeridad y es el único elemento indispensable de toda música, el cual no puede separarse de la estructura armónico-melódica de una composición.

A su vez, la creatividad se define como la tendencia a generar o reconocer ideas, alternativas o posibilidades que pueden ser útiles para resolver problemas, comunicarnos con nuestros semejantes y entretenernos a nosotros mismos y a los demás al igual que sucede en el caso de la música y otras manifestaciones artísticas. La investigación científica aún no establece la causa de la chispa propulsora del genio creativo, ya que este permanece hoy día tan desconcertante para nosotros, del mismo modo que lo fuera para nuestros ascendentes, quienes lo designaron fruto de lo sobrenatural, simple obra de musas y duendes. Lo que sí ha demostrado la ciencia es que el individuo creativo es complejo, contradictorio y, en muchas ocasiones, incapaz de trabajar en conjunto ya que su proceso fecundo tiende a ser caótico y no lineal, lo cual refleja la incoherencia de aquello que bulle en su intelecto. Podría ser descrito como una dinámica interactiva de regiones cerebrales diversas, estilos de pensamiento disimiles, experiencias personales y procesamiento de emociones—consciente e inconsciente—que se acoplan de forma inusual para, al final rendir resultados inesperados.

A pesar de las excepciones, que sin duda existen, el individuo muy creativo, integrante de un grupo de trabajo—como lo fuera la Orquesta América de Ninón Mondejar— es capaz de ver que su labor es a menudo notable en comparación a la de otros que contribuyen a la misma causa. También es, en ocasiones, consciente de su debido lugar y reconoce la influencia que ideas prioras y entelequias anteriores han ejercido en sus propios logros. Ahora, talento y personalidad no son correlativos ni tampoco directamente proporcionales. Es obvio que en todo colectivo laboral coexisten múltiples personalidades, a menudo encontramos entre ellas aquella que constituye el elemento disociador, el cual de modo usual fragmenta la unidad de trabajo, ya que su principal objetivo es obtener reconocimiento individual y, por ende, beneficio personal.

La mal avenida controversia sobre la alegada paternidad del chachachá resultó en algo, cuyo mayor factor contribuyente fue —en la opinión de coetáneos entendidos, los críticos y medios de comunicación, que como en una contienda electoral que apenas comenzaba, atizaron la polémica— el imprimirle un tratamiento de carácter explícitamente personal que derivó en la irreparable y definitiva ruptura entre Ninón Mondejar y Enrique Jorrín.

El examen de este nocivo incidente, como han de ver, es examinado de forma exhaustiva por el autor. Este libro que terminó escribiendo, constituye no solo un intento de explorar el asombroso trabajo de los protagonistas, sino también de dar cuenta de las invectivas que fueran formuladas y el *intríngulis* creado por uno de los principales protagonistas. Bien sabía el autor que tendría que abordar algunos de esos puntos controversiales que aún hoy día persisten en la historia de la música popular cubana al respecto de esta fascinante historia.

Estoy enteramente convencido de que tanto músicos, y aficionados, así como colegas y críticos que nunca faltan, conversarán con el autor sobre el contenido de esta obra, ya que se escribió con la entera convicción de que debía brindar, a toda una gama de intelectuales, historiadores, melómanos y público en general, el producto de su prolongada indagación. Es importante notar que el autor presenta elementos que ofrecen al lector la posibilidad de examinar en detalle las implicaciones de los hallazgos de su minuciosa investigación, a la vez que establece limitaciones y define con claridad, los parámetros de esta. Asimismo, se exime de hacer sesgadas sugerencias u ofrecer un lacónico aforismo, como conclusión definitiva.

Espero que esta obra llegue con claridad no solo a la pléyade de vetustos y curtidos intelectuales, sino también a la novel generación de estudiosos de nuestra cultura y fanáticos de nuestra música popular, en quienes podría despertar un renovado interés que les motive decisivamente a investigar, polemizar y disertar sobre los sonidos que les afectan, los géneros que les cautivan y los arquitectos de todo este maravilloso maremágnum sonoro. No olvidemos que aquello que deja de ser objeto de controversia, deja también de ser objeto de interés.

Gabe Romero
Musicógrafo, Nueva York, abril 27, 2020

LA TRIUNFAL

Esta es la Triunfal,

Que ya terminó,

Y que el domingo,

Ya volverá.

Ninón Mondéjar, danzón cantado / 1942

De Anacario a Ninón Mondéjar

La tarde soleada del 25 de septiembre de 1914, cuando la brisa bate con calma las palmeras y sembradíos de la campiña cubana, nace un varón al que le nombran: «Anacario Crispiniano Mondéjar Soto, el parto, asistido por una comadre de la familia tiene lugar en la finca Palmilla del batey de Céspedes, en el pueblo de Calimete en la provincia de Matanzas, sus padres Cipriano Mondéjar y Blanca Soto, humildes jornaleros del campo que subsistían con un precario salario y, eso sí, mucho sudor en la intrincada finca, propiedad de una acaudalada familia de Calimete. Así transcurrieron los primeros tres años del niño Anacario, hasta que, en 1917, en busca de mejor trabajo la familia Mondéjar-Soto se ubica en una vivienda de las «cuatro esquinas» en los Arabos, Matanzas».[2] Sin embargo, en la búsqueda realizada por un grupo de investigadores y expuesta en el trabajo «Ninón Mondéjar: cubano, matancero, arabense» se esclarece:

> [...] De su nacimiento se da fe en el Registro Civil del municipio Los Arabos, en el tomo 18, folio 253, con fecha de asiento 26.3.1915 y la comparescencia del padre, como lugar Semillero (*este lugar es una finca que tiempo atrás fue un pequeño batey del municipio Los Arabos y donde hoy habitan pocas personas*), en la fecha 8.10.1914, hijo de Cipriano Mondéjar López y Blanca Rosa Soto Hernández, ambos naturales de Palmillas, lugar que en la primera mitad del siglo pasado pertenecía a la jurisdicción de Colón. Los

15

---

[2] Ninón Mondéjar. Testimonio en entrevista concedida al autor en 2004.

abuelos paternos se nombraban Teófilo y Mercedes y los abuelos maternos Antonio María y Modesta.[3]

«El orgullo de Ninón siempre ha sido decir que nació aquí en Céspedes, Calimete. El nació en El Paraíso, que está detrás de Céspedes en Calimete».[4]

El director de programas radiales Chú Díaz, dio su visión sobre estos primeros años, basándose en entrevistas a familiares y amigos de Ninón, radicados en Miami:

> Anacario Crispiniano Mondéjar Soto nace el 25 septiembre de 1914, con dos años de edad su tía-madrina que lee fábulas y versos ve que un personaje se parece a su sobrino y le pone Ninón. A los 8 años cortaba caña en la llanura de Colón, Matanzas, por lo que no va a ir a la escuela por la lejanía, su tía-madrina le enseña a leer y a escribir, convirtiéndose en su maestra particular, hasta que la familia se traslada a Palmilla donde comienza a ir a la escuela a los grados primarios. A los 14 años se traslada a Bauta, en La Habana donde vivió por 10 años, allí se inició en grupos corales de la localidad.[5]

Durante sus estudios primarios, Anacario, asistía a la escuelita pública de la localidad. A la par, ayudaba a sus padres y hermanos, en cuanta faena era posible. Aunque ya fuera el mimado de todos sus familiares y parientes, por su carácter jovial y entusiasmo al actuar, realmente nunca estaba tranquilo, haciendo travesuras a su paso y alegrándole la vida a todos con sus ocurrentes cuentos y chistes, pero eso sí, respetuoso y muy cariñoso. Lo tíos y primos de Anacario emigraron en su adolescencia, a otros lugares del occidente de la isla en busca de mejores empleos, dada la difícil situación del país impuesta por el gobierno de Gerardo Machado y sobre todo, por la represalia que sufría quien fuera de pensamiento político progresista. De esta manera, en 1929, se estableció en el pueblo habanero Bauta,

[3] MSc. Carmen Julia Espinosa Echevarría, Lic. Berto Antonio Muñoz Vega, Lic. Milaidis Benítez Benítez: *Ninón Mondéjar: cubano, matancero, arabense*, Universidad de Matanzas Camilo Cienfuegos - Filial Universitaria Los Arabos, CD de Monografías 2015, p. 1.

[4] Nicolás, historiador de Calimete. Testimonio recogido por el autor en visita al pueblo Los Arabos, 31 de octubre, 2002.

[5] Chú Díaz, programa *Añoranzas*, Radio Clásica 92.3. Miami, Fl. 6 de diciembre 2003, 10:00 a.m.

la familia de Cipriano y Blanca, compuesta por siete hijos, cuatro de ellos niñas, en casa de Juana Rosa Soto, *Mamaíta,* madrina de Anacario. Al tiempo que trabaja en la fábrica de peines de Bauta —empleo en el que permanece hasta 1933—, el joven recibe clases de su hermano quien le enseña el oficio de panadero. Desde su llegada, con solo quince años, Anacario Crispiniano Mondéjar Soto ingresa en la Liga Juvenil Comunista del pueblo de Bauta, junto a Monzón y el *Gallego*, dos de sus más cercanos amigos. Durante los sucesos de la caída del régimen del presidente Machado, dirige la huelga en la fábrica de Peine junto a esos compañeros, y continúa en el futuro sus luchas de reivindicación sindicales contra los gobiernos opresores de turno hasta 1959.

Sus inquietudes musicales y su voz cálida al cantar, le vinculan a serenatas y algunas fiestas particulares junto a sus amigos. En 1930, en especial, comparte con el guitarrista y segunda voz Silvano González, con quien crea un dúo, cuyo repertorio estaba compuesto por guajiras, rancheras, corridos mexicanos y tangos, que actuaría en Bauta y los pueblos cercanos.

En estos inicios en la música, por lo simpático de su nombre (Anacario), su tía-madrina Juana Rosa Soto, *Mamaíta*, le apoda *Ninón*, lo que provoca que fuese conocido dentro del arte y de la familia como Ninón Mondéjar. Varias orquestas locales de Bauta, Caimito y Artemisa contaron con su voz aterciopelada hasta que se produce su debut profesional en 1932, con el trío de la Emisora radial CMX, en La Habana, e interpreta canciones rancheras mexicanas; su especialidad, desde los diecisiete años, era cantar.

Un apunte curioso sobre estos comienzos lo aporta Chú Díaz al afirmar: «Se inicia como cantante en la orquesta de Rogelio Diñigo, muy reconocida en esa época del 1930 al 1940, este fue el debut de su carrera artística».[6]

La Charanga Típica La Triunfal

En 1940, siendo Ninón Mondéjar, dirigente del Partido Socialista Popular (PSP) en Los Pocitos, del municipio Marianao (calle Norte, nro. 503), y de oficio panadero en ese mismo barrio de La Habana, integra también la directiva del Sindicato de Balnearios y Clubes

---

[6] *Ibid.*

de la Playa, el PSP. En esa época arrienda una finca en el reparto Los Pinos en la periferia de la ciudad y funda el Club de Recreo Julio Antonio Mella. Allí, los asociados plantean a Ninón Mondéjar —debido a su entusiasmo y conocimientos de la música—, reunir algunos músicos y conformar una orquesta para amenizar los bailables de los fines de semana, una charanguita, con simpatizantes y militantes del partido, pues necesitaban recaudar fondos para el club, y las orquestas de moda en la capital eran algo caras para sus bolsillos. Así surge la idea de formar la orquesta, que fue cocretada, días más tarde, en la casa de Laudelina Hurtado, profesora de piano y canto de Ninón Mondéjar, en la calle Pluma nro. 1, en la barriada Los Pocitos, Marianao. Sus primeros integrantes fueron, los violinistas Ambrosio Hurtado, hermano de la profesora; Ernesto Gómez y Luis Suárez, músicos y amigos de la familia Hurtado, quienes rápidamente buscan a otros colaboradores. Ninón Mondéjar con su carácter jocoso y afable, líder natural por su dinamismo y rebeldía entre los compañeros del sector de los panaderos, no demora en organizar su agrupación musical. Aunque en un principio los participantes eran inestables por sus diversas actividades laborales, los arreglos musicales eran realizados por la familia de los Hurtado, incluyendo a la profesora Laudelina, quien se empeñaba en formar como músico a Ninón y le impartía lecciones de canto y piano. Las partituras de los temas musicales que en ese período histórico se hicieron populares entre los bailadores habaneros, eran compradas con el dinero del propio Mondéjar.

En sus inicios, la orquesta no tenía un emblema y le dieron el nombre del club de recreo del PSP. En cada actuación Ninón decía que había que triunfar y por eso la agrupación, a sugerencia de sus primeros integrantes y decisión de Mondéjar, fue llamada La Triunfal. Desde el comienzo, su repertorio lo componían temas de orquestas de moda— práctica común entre tantos grupos informales de la época— como Arcaño y sus Maravillas, pero algo llamaba la atención de Ninón en las composiciones de la orquesta de Arcaño y era que aunque muchos danzones llevaban el nombre de sociedades de recreo, ninguno lo incluía en la estructura musical y esto hacía que se parecieran unos a otros.

A Mondéjar se le ocurre la idea de cantar a coro y hacer un tipo de danzón que tuviese el nombre de la sociedad en ese estribillo, pues él era cantante. El primer coro lo adaptó al tema de cierre de la actuación de la orquesta La Triunfal, que para despedirse del público cada domingo decía:

Esta es La Triunfal,
Que ya terminó,
Y que el domingo,
Ya volverá.[7]

Para el año 1942 ya la charanguita La Triunfal gozaba del favor de su público que incluía también a los simpatizantes del PCP, quienes ayudaban con los gastos del transporte, el vestuario y facilidades para actuaciones en otros lugares fuera del club de su partido. Así, la orquesta logra constancia en sus presentaciones alternando los bailes de domingo en La Tropical y el club Julio A. Mella, con apariciones de carácter privado, y otras en las playas de Marianao y en algunos clubes y cabarets. Ninón Mondéjar consigue, para la fecha del 15 abril de este año, estabilizar el personal que integra la orquesta y nombra a Felipe Suárez su director musical, debido a las exigencias legales y el cumplimiento de requisitos del Sindicato de Músicos y Clubes de La Habana, ya que a él, como músico autodidacta no se le permitía detentar ese cargo, aunque fuera el dueño de la agrupación.

La Triunfal de Ninón Mondéjar comienza a realizar presentaciones promocionales, en 1943, en la CMX Radio Lavín, llamada Mil Diez por el Partido Unión Revolucionaria Comunista (URC), después del 10 de marzo, a solicitud de la gerencia de la Emisora del Pueblo, como se le conocía.

La orquesta estaba integrada, desde el 15 abril del 1942 hasta el mes de diciembre de 1944, por siete músicos: «Felipe Suárez, *Felipón* (director y flauta); Juan Blaczorak, *Juanito el Polaco* (pianista); Ermidelio Cardoso (violín); Augusto Barcia (timbal); Ponce (contrabajo); Rosendo (güiro), y Ninón Mondéjar (cantante y manager)».[8]

[7.] Ninón Mondéjar. Testimonio en entrevista concedida al autor en 2004.

[8.] Ninón Mondéjar. Testimonio y fotografía concedidos al autor en entrevista, en 2006.

Orquesta La Triunfal, 1942- 44. Foto: Archivo de Ninon Mondejar

Después de una disputa con el flautista *Felipón* por apropiarse de la titularidad de la orquesta, Ninón reorganiza la charanguita con nuevos músicos. Esta es la primera vez que se ve en peligro de perder su agrupación. A partir de este momento, empezó a imponerse como director, a pesar de que las regulaciones del gremio sindical de la música establecían que, para ocupar el cargo se debía ser músico de «atril», ya que, según se citó antes, a los autodidactas no se les consideraba profesionales. Después de que la orquesta empezara a ser remunerada "decentemente" por sus actuaciones, surgieron discrepancias entre Ninón y Felipón, a causa de las decisiones tomadas por el primero y su política de realizar algunas actuaciones promocionales en varios escenarios. Felipón —quien detentaba aún el cargo de director musical por las razones ya expuestas— intenta arrebatarle la orquesta a su dueño original. Pero lo único que logra es su propia salida de La Triunfal, gracias a que Ninón gozaba de la admiración y respeto sus músicos y seguidores, y contaba, además, con el apoyo incondicional de su amigo y timbalero Augusto Barcia, compañero de actividades sindicales y políticas en reclamo de los derechos de los trabajadores, en particular los del gremio de las panaderías y la música. Es por ello que, como el Quijote y Sancho, Ninón y Barcia serían amigos inseparables, por más de treinta años, hasta la muerte de este último.

Nace la Orquesta América de Ninón Mondéjar

En 1945 el joven Ninón Mondéjar, cantante y director, reorganiza la Charanga Típica La Triunfal y la nombra *Orquesta América* junto a Augusto Barcia (timbal); Ermidelio Cardoso (violín); Julio Salas (tumbadora); Ángel Ruíz (piano); Wilfredo Meneses (flauta); Felipe, *Felo, López (contrabajo), y* Luis Suárez (violín).[9]

El 15 de abril de 1942 es la fecha de fundación adoptada por la Orquesta América, pues ese día Ninón y sus amigos habían organizado La Triunfal, ahora renombrada Orquesta América de Ninón Mondéjar.

Comenzó a ser muy solicitada La Triunfal en bailables y otras actuaciones, por mostrar una calidad que iba en aumento. Sus interpretaciones en academias, sociedades de recreo y en los pueblos de campo de La Habana fueron numerosas, pues Ninón, que sostenía las mejores relaciones con los presidentes de las sociedades y los dirigentes sindicales, aprovechaba esos vínculos para ofrecerles contratos con precios muy por debajo del resto de las orquestas profesionales; a ello sumaba su estrategia de «componer» un tema musical con el nombre del contratante, lo que le daba notoriedad al lugar, esto hace que para el año 1945, comience a presentarse en otras provincias del país.

Las contrataciones de actuación eran reglamentadas por el Sindicato de Músicos, y establecían tres condiciones básicas: primero, que los artistas interpretaran versiones de las canciones que gozaban de popularidad en la radio y estuvieran de moda; segundo, que se estrenara un tema musical dedicado al lugar donde se actuaba o que le diera publicidad al mismo; tercero, que la orquesta contratada ejecutara libremente su propio repertorio. Gracias a su ingenio musical, Ninón crea un danzón donde, al final, el coro canta un estribillo con el nombre del lugar de actuación, ganándose pronto la complacencia de sus contratantes.

> El baile del 10 de marzo en el Liceo de los Arabos, de 10:00 pm a 4:00 a. m. De la afamada orquesta capitalina Ninón Mondéjar». Como estaba previsto resultó un festival bailable magnífico el que tuvo lugar el día 10 de los corrientes en

---

9. *Ibid.*

nuestra casa cubana, para celebrar el vigésimo quinto aniversario de su fundación. Lo más destacado de nuestra sociedad se dio cita esta noche en la elegante sociedad liceísta, para disfrutar de la incomparable fiesta. Desde las diez de la noche hasta las cuatro de la madrugada reinó la alegría del baile a los acordes de la afamada orquesta capitalina Ninón Mondéjar.[10]

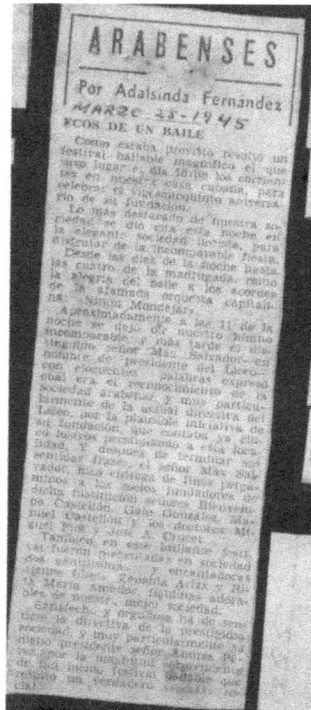

La presentación en Los Arabos fue recordada por muchos años, al respecto un asistente a aquellas actuaciones iniciales rememoraba:

La primera vez que llegó aquí con su orquesta, cuando ya era exitosa, actuó en el parque, existía un racismo extremo, se ponía una cinta o soga, que dividía a los pobres y a negros de los ricos y blancos, o sea en dos bandos, bueno la policía tuvo que quitar la cinta, porque Ninón dijo que la

---

[10.] Adelaida Fernández, «Ecos de un baile», periódico *Arabenses*, 25 marzo 1945.

quitaran que él y su orquesta tocaban para todos y que si no la quitaban no tocaban. Ninón, el más querido y respetado por los bailadores, como persona natural, agradable, sencilla, venía aquí y compartía con todos nosotros, sin tener el tabú que él era una estrella, como pasa con otras personalidades del arte. El venía a «cuatro esquinas» a recordar y visitar a sus amigos y familiares. Y visitaba la casa de Cándida Prat en Crucero Hondo.[11]

Según Oreste La Fe:

> El salón de Tilo Borral, aquí en las «cuatro esquinas» tenía el piso de cemento y se cobraba un peso y se abría a las 8:00 p. m. hasta las 3:00 a. m. Con la ayuda de Ninón y su orquesta se le puso piso de lozas y, cuando venía la América, se cobraba la mitad de la entrada, porque Ninón pedía menos dinero por la actuación para que pudieran entrar más personas y sin recursos, a todos sus amigos y familiares, él les pagaba la entrada.[12]

23

Otra presentación que llamó la atención de la prensa en la ciudad fue la del 31 de marzo de 1945, cuando se anunciaba: «Baile en la Sociedad Martín Morúa Delgado será amenizado por la gran orquesta de Ninón Mondéjar».[13]

A finales de 1945, en visita a los Arabos, después de un largo noviazgo, entre viajes Habana-Matanzas, se produce la boda de Ninón Mondéjar con Felina, que resultaría, además de su amorosa esposa, la compañera inseparable de todos los momentos de su vida y la albacea de testimonios periodísticos, premios y trofeos obtenidos por su Orquesta América, ella como nadie atesoraría y armaría el álbum de recuerdos. «También en la institución judicial del Registro Civil [Los Arabos], consta en el tomo 10 y folio 344, con fecha 4 de octubre de 1945, que contrajo matrimonio con Felina

---

11. Alfredo Rodríguez Alemán. Director de la Biblioteca Pública en Los Arabos, testimonio dado al autor en su visita al pueblo Los Arabos, 31 de octubre 2002.
12. Oreste La Fe Mondéjar. Primo de Ninón, en visita del autor al pueblo Los Arabos, 31 de octubre, 2002.
13. Recorte de prensa contenido en el álbum *Orquesta América de Ninón Mondéjar*, (sin identificar), 31/3/1945.

Segunda Mondéjar La Fe, de cuya unión no nacieron hijos y que residieron en el batey Monte Alto del mismo municipio al principio de la unión conyugal».[14]

Boda de Ninón y Felina, 4 de octubre de 1945. Foto: Archivo de Ninon Mondejar

La Orquesta América y sus primeras grabaciones con SMC

La Orquesta América, comienza a partir de 1946, a expandir su presencia en sociedades de recreo y programas de radio en La Habana, a través de la Radio RHC Cadena Azul, única cadena nacional telefónica, que se encontraba en el Paseo del Prado nro. 53. En la etapa comprendida entre 1946 y 1947, Ninón empieza a tener una mayor presencia en diversos escenarios habaneros y recibe muchas solicitudes de contratos, debido a su calidad y carismática dirección y a su competitividad de precios, con respecto a otras orquestas, pues además, realizaba, actuaciones promocionales y de beneficencia en las sociedades y emisoras radiales de la capital.

La Orquesta América de Ninón, sonaba muy bien, lo que decimos los músicos: «macho», y estaban algo

---

[14.] MSc. Espinosa Echevarría, Carmen Julia, Lic. Berto Antonio Muñoz Vega, Lic. Miladis Benítez Benítez: Ninón Mondéjar: cubano, matancero, arabense, Universidad de Matanzas Camilo Cienfuegos–Filial Universitaria Los Arabos, CD de Monografías 2015, p. 2.

más avivados los aires rítmicos, muy bien acoplados y estables en la combinación contrabajo, timbal, güiro, tumbadora, y la voz pequeña y agradable de Ninón, seguida de los músicos que hacían los coros llanos y repetitivos, sin improvisaciones en cada danzón de nuevo ritmo, como fue común en esa etapa, que era lo que estaba en el ambiente y tomando mayor auge. En ocasiones se vio a la orquesta de Ninón se les vio con cantantes invitados: siempre que estuvieran disponibles —aseguraba Ninón— porque había bastante trabajo, y ya yo había dejado el oficio de panadero, imagínate sin micrófono había que cantar por arriba de la orquesta y me agotaba mucho.[15]

La llegada a La Habana de Miguelito Valdés, en el último trimestre del año 1946 —para continuar su tratamiento médico, empezado meses antes en Nueva York— hace que *Míster Babalú* coincida en la Emisora Mil Diez con Ninón Mondéjar y su Orquesta América, y que queden registrados cuatro danzones, luego entregados a la casa discográfica Coda —poco después llamada *Spanish Music Center* (SMC Pro-Arte), de Gabriel Oller de la ciudad de Nueva York—, que venía realizando grabaciones a músicos cubanos y latinos radicados en esa ciudad, con la colaboración de Miguelito Valdés. «En Nueva York —comenta Gabe Romero[16]— no consta que Oller y su sello discográfico hayan estado en La Habana, pero sí, en conversación que sostuve con Miguelito Valdés, este me refirió que una vez estando, en esa fecha, en La Habana había realizado varias grabaciones en la Emisora Mil Diez, antigua Casa Lavín, coincidencialmente *(sic)*, también en febrero de 1947, a su regreso, se realizan las grabaciones antológicas a Chano, Arsenio y Olga Guillot, con Oller, emitidas después con la matriz y número de catálogo de la misma serie; lo que evidencia y se puede deducir es que fueran hechas llegar a SMC a través de Miguelito Valdés, teniendo en cuenta que la Orquesta América de Ninón no estuvo en Nueva York».

25

---

15. Ninón Mondéjar. Testimonio dado al autor en entrevista en 2004.
16. Gabe Romero. Especialista en Estudios Discográficos y de la Música Latina. Conversación telefónica con el autor, 1ro. de octubre, 2019.

Los estudiosos, coleccionistas y periodistas en general, poco se han referido a estos detalles, pero el maestro Diaz Ayala, nos había alertado que: «Al parecer al final de los 40 grabaron los cuatro danzones en el sello SMC que aquí aparecen y según información (no los hemos oído) eran cantados por Raúl Simons».[17]

El destacado coleccionista y compilador de música universal Chris Strachwitz, hace muy poco publicó en la web de su Fundación Fronteras, las históricas grabaciones, en las cuales se pueden leer los créditos de los cantantes Raúl Simons y Antonio Camino, como parte de estos registros, posiblemente los únicos que quedaron plasmados en fonogramas, y que fueron grabados en la Emisora Radial Mil Diez durante su actuación junto a la Orquesta América de Ninón Mondéjar: «Dulce Morena» *(Danzón /López, Rafael / SMC Pro-Arte / SMC-1215 / 53-A)*[18] y «Porque Te Marchas». (Danzón / Antonio Camino / SMC Pro-Arte. / SMC-56 / 1215-B)[19]; «*¿Me vas a querer?*» (Danzón / SMC Pro-Arte /1212)[20] y «Te busqué» (Danzón / SMC Pro-Arte /1212)».[21]

Al observar las etiquetas del disco SMC Pro-Arte 1212 se aprecia que el danzón «Me vas a querer» (1212-A / SMC-54) es de los autores, J. Gutiérrez y A. Sánchez, este último el conocidísimo *Musiquita*, y cantado por el binomio Raúl Simons y Antonio Camino. Así como el danzón «Te busqué» (SMC-B / SMC-55), deEnrique Jorrín, ind terpretado por Raúl Simons.

El danzón «Dulce morena», así etiquetado por SMC, se escucha, en realidad como un bolero-danzón, cantado al estilo de los intérpretes de antaño, en el cual Raúl Simons, realiza de manera excelente —explica José Reyes Fortún[22]— un canto abierto a la francesa con inflexiones de su voz sobre la melodía, algo característico de la época entre los años 1920 y 1940; en la segunda parte sin duda se aprecia, implícito, un montuno con el aire y el ritmo de lo que sería después denominado, el chachachá. En el coro «*camina pa´*

[17.] Cristóbal Díaz-Ayala: Enciclopedia Discográfica de la Música Cubana 1925-1960. ORQUESTA AMÉRICA. http://latinpop.fiu.edu/SECCION01A.pdf (consultada 22/9/2019).

[18.] Chris Strachwitz. 18, de Agosto 2004. http://frontera.library.ucla.edu/recordings/dulce-morena-0 (consultado 22/9/2019).

[19.] *Ibid.*

[20.] Cristóbal Díaz-Ayala: *Ob.cit.*

[21.] *Ibid.*

[22.] José Reyes Fortún. Musicólogo del Museo Nacional de la Música de Cuba. Conversación con el autor, 22 octubre 2019.

Madruga, camina pa´ Madruga», se distingue la voz cálida de Ninón Mondéjar, con la calidez que le imprimiría a las obras durante su carrera artística. En «¿Por qué te marchas?», su introducción se hace en ritmo 6x8 al estilo abakuá, y el tema en general tiene todos los aires del bolero-son, en el que de igual manera, están concretados en su segunda parte, el ritmo del chachachá y el coro soneado con las peculiares voces de Antonio Camino y Ninón Mondéjar. Cabe destacar que, al efectuar una audición de estas grabaciones, se infiere que fueron realizadas antes de 1947, si se consideran el estilo de sus arreglos musicales y la tipología tímbrica y melódica, también es necesario recordar que, aunque fuesen editadas hacia 1948 ó inicios de 1949, transcurría entonces, la Huelga de grabadores en Estados Unidos, que se prolongó por dos años (1947 y 1948), y que muchas grabaciones anteriores del propio Gabriel Oller, bajo los sellos Dinasonyc y Coda, no siguieron un orden secuencial, ni cronológico en su realización, al ser publicadas después con la SMS. Y todo parece indicar, tomando en cuenta que Miguelito Valdés estuvo en dos ocasiones en La Habana ese año (1946), que haya sido él la conexión entre la América y Oller. Lo que sí es indiscutible es la calidad que ya tenía la Orquesta América, así como los arreglos de nuevo ritmo, antecedente y portador de lo que sería el género chachachá, antes que ingresaran Antonio Sánchez, Jorrín, Reina entre otras estrellas que traería Mondéjar a su orquesta.

La Orquesta América se impone en La Habana

A finales de 1946, todavía la Orquesta América estaba en la Emisora Radial Mil Diez, y en año nuevo del 1947, el violinista y compositor Enrique Jorrín se incorpora a ella con el compromiso de crear danzones cantados con estribillos para las sociedades de recreo. En este año entraban en franca competencia varias agrupaciones danzoneras y se les hacía difícil ubicarse en la preferencia y en la popularidad del público, máxime cuando existían orquestas como la del maestro Arcaño y sus Maravillas con su «nuevo ritmo», la que estaba integrada por: «Arcaño, Orestes López; Israel López, *Cachao*; Enrique Jorrín; Antonio Sánchez Reyes, *Musiquita*; Ulpiano Díaz, Gustavo Tamayo; y Félix Reina, entre otros más».[23]

[23.] Ninón Móndéjar. Entrevista concedida al autor en 2006.

En ese momento Ninón Mondéjar y su Orquesta América interpretaban el repertorio trazado por Antonio Arcaño, pues no tenían destacados, pronto Ninón comprendió que de esa manera nunca daría el salto hacia el éxito, por lo que necesitaba encontrar compositores y músicos de nivel musical superior, así como variar y ampliar el repertorio y conseguir mayor presencia en los programas de distintas emisoras de radio para difundir su música y su orquesta.

Mondéjar resuelve la primera cuestión buscando varios compositores. A fines de 1946, ingresan Enrique Jorrín, Antonio Sánchez y Félix Reina, este último, aunque no fijo en la plantilla participa en las transmisiones radiales hasta que en 1952, se incorpora de forma permanente; la segunda cuestión la resuelve estableciendo con ellos el compromiso de crear danzones con el estribillo cantado y cuya letra mencionara el nombre de las sociedades y clubes de recreo, así como de academias de baile.

Una tarde de domingo, después de haberse percatado de los problemas existentes e intentando hallar una solución para mejorar su orquesta, y teniendo como referencia que algunos jóvenes músicos de Arcaño no se sentían a gusto en ella —debido al concepto de su director de mantener inalterables los arreglos clásicos de los danzones sin admitir modernizaciones—, decide ir en busca del joven Enrique Jorrín[24]. Mondéjar sabía que varios directores de otras agrupaciones merodeaban la casa de la barriada del Cerro, donde vivía Jorrín, procurando captarlo con promesas y ofertas de mejoras económicas. Por ello, decide ver directamente a la madre de Jorrín —ya le habían comentado que este dependía mucho de ella—, quien era muy recta y exigente con su hijo y lo guiaba siempre en sus decisiones y su modo de conducirse en la vida. Presentarse ante la Sra. Mercedes Oleaga y darle a conocer los propósitos y objetivos de su visita, bastó para que Ninón la convenciera de sus buenas y nobles intenciones, no sin antes haberle ofrecido depositar en manos del hijo la conducción musical de la Orquesta América, y facilitarle poner en práctica sus inquietudes musicales, siempre que cumpliera con el compromiso de crear los tipos de danzones que él le estaba solicitando. Para ello, le pagaría un porciento adicional al joven Jorrín, quien recibiría un salario diferenciado por sus arreglos

---

[24.] Jesús Enrique Jorrín Oleaga, Candelaria, Pinar del Río, 25 diciembre de 1925- La Habana, 12 diciembre de 1987.

y la dirección. Tras escuchar estos argumentos, la Sra. madre de Jorrín lo llama a la sala, para darle a conocer la propuesta de Ninón Mondéjar y participarle su decisión, de que muy pronto trabajaría bajo la tutela del dueño de la prestigiosa Orquesta América, una vez que solicitara y se hiciera efectiva su baja de la Orquesta de Antonio Arcaño. De esta manera, quedó pactado el compromiso entre Ninón y la madre, así como el contrato del talentoso músico pinareño Enrique Jorrín Oleaga.

> Muchos esperaban que Jorrín saliera de casa con su violín, para tocar con Arcaño, intentando captarlo, pero ninguno llegaba hasta la misma casa, pues sabían que la madre era muy recta y no permitiría su hijo quedara mal con su trabajo en la orquesta de Antonio Arcaño, pero yo hice lo que nadie se atrevió, fui a hablar con la madre y ella le dijo delante de mí, «ves este Sr. es una persona decente y a partir de ahora vas a hacer el trabajo que él te pida», de esa manera me halé para mi orquesta a Jorrín y después, Jorrín trajo de la orquesta de Arcaño a mi orquesta a Antonio Sánchez, Gustavo Tamayo y a Félix Reina, tres tremendos músicos y compositores.[25]

La Orquesta era patrocinada por Galletas El Gozo de José Seguí. Foto: Cortesía de Felipe Badell, multi premiado en los Concursos de baile del Festival del Cha cha chá y asiduo visitante de la Academia «Amores de Verano» de Prado y Neptuno en los años 1950.

[25]. Ninón Mondéjar. Testimonio dado al autor en entrevista para el documental *50 Años bailando chachachá*, directora Jill Harley, 2002.

El compromiso con estos cuatro músicos consistió en que Mondéjar visitaría cada una de las sociedades y les ofrecería para el primer baile, estrenar un danzón con su nombre, que también sería cantado en el estribillo.

El primer contrato con ese compromiso fue la Sociedad Caimito Social del pueblo habanero de Caimito, la letra del coro decía: *Vamos a bailar, En el Caimito Social.*[26]

El autor del danzón cantado era Enrique Jorrín, del propio autor después aparece «Unión Cienfueguera», pero el coro del estribillo era de la creación de Ninón Mondéjar, con ese nuevo estilo empieza a tener una alta demanda la Orquesta América, sobre todo en la provincia de Matanzas, donde abundaban las sociedades y debido a la simpatía hacia Ninón Mondéjar, por ser nacido en esa provincia.

Ya, al contar en su nómina con buenos compositores: Antonio Sánchez, Félix Reina y Enrique Jorrín, la Orquesta América tendría pronto una gran audiencia radial, pero el *Programa del mediodía* estaba saturado de anuncios y no se podía interpretar más que un danzón y algunos estribillos del mismo. Por ese motivo, Mondéjar reúne a los tres, para explicarles su idea de hacer temas musicales basados, solamente, en los estribillos de los danzones cantados, entonces, se desatan las creaciones de Antonio Sánchez, *Musiquita,* con «Mambo América» , «Yo sabía», «Qué buenas son»; de Enrique Jorrín por su parte: «El Alardoso», «Me muero», «Nada para ti»; de Félix Reina: «Dime, Chinita», «Triste muñeca», y del propio Ninón, «Dame agua fría», «La verde palma real», «Yo no camino más», imponiéndose, desde ese momento un gran número de obras.

A partir de entonces, se sigue esa línea de composiciones en la Orquesta América y el propio Ninón reúne a los presidentes de las sociedades y clubes de recreo y funda la Federación de Sociedades Juveniles, planteándoles la idea de crear un danzón cantado para cada sociedad de recreo, academia de baile o club de recreo, con un estribillo que mencione respectivamente su nombre, a partir de esta idea se le conoce a la Orquesta América como «Los Creadores del Danzón cantado».

[26.] Ninón Mondéjar. Testimonio dado al autor en entrevista en 2004.

La voz del pueblo y la América de Ninón Mondéjar

El 1ro. de mayo de1948 se produce la clausura de la Emisora Radial 1010, por ser la voz del Partido Popular Socialista de Cuba y, donde la Orquesta América tenía programa estelar diario, desde su fundación, debido a la afiliación al PSP de algunos de sus integrantes: Ninón, Barcia, Ramos y Calderón. La orquesta, llevaba todo tipo de iniciativas para recaudar fondos destinados a la organización partidista y atraía a anunciantes que patrocinaban los programas de radio, fue una etapa en que se vio actuar y participar gratis a muchos de los músicos y agrupaciones más importantes y de moda en Cuba, en la Emisora Mil Diez.

La Orquesta América estaba integrada en este momento por: «Ninón Mondéjar (dueño y cantante); Enrique Jorrín (director musical y 1.er violín); Antonio Sánchez, *Musiquita* (piano); Manuel Montejo Garden, *Papito Camagüey* (contrabajo); Gustavo Tamayo (güiro); Augusto Barcia (timbal); Juan Ramos, *Juanito* (flauta); Antonio Rodríguez Calderón, *Cuero Mula* (tumbadora), y Félix Reina, (2.do violín, "invitado")».[27]

Ante esta situación —la clausura de la Mil Diez—, continúan en distintos programas de diversas emisoras radiales, pero no de manera fija, pues debido a que Ninón Mondéjar militaba en el PSP y varios de los músicos de la orquesta tenían sus mismas ideas políticas, fueron sistemáticamente bloqueados por los cuerpos represivos de los gobiernos de turno, quienes presionaban a los dueños de las cadenas de radio y dueños de programas, para que no los contrataran. Pero Ninón siempre pudo burlarlos con astucia y conseguir nuevos contratos ayudado por los músicos, en especial: Augusto Barcia, Félix Reina, Gustavo Tamayo y Antonio Rodríguez.

Esa visión progresista influenciada por la ideología bolchevique de la Rusia socialista, lleva a Ninón a crear en la orquesta, un komsomol que establecía iguales deberes y derechos para sus integrantes —con independencia de su función—, en el que las ganancias eran repartidas por igual entre la totalidad de los miembros de la agrupación. Esta idea fue compartida de forma mayoritaria por los músicos, excepto por «el joven Jorrín, que exigía se le mantuvieran sus beneficios como arreglista y director musical, a lo que Ninón no

---

27. *Ibid.*

se opuso, pues la orquesta gozaba de popularidad y éxito rotundos y quería a toda costa, mantener la unión entre todos sus músicos».[28] Esta decisión, le traería serios problemas a largo plazo dentro y fuera de la Orquesta América.

A partir de 1948, son contratados por dos años como orquesta estelar para presentaciones en el exclusivo Yatch Club, en la playa de Marianao; allí el 31 de diciembre, actuarían hasta las tres de la mañana. Llegada la hora de finalizar, los socios bailadores les propusieron un contrato adicional para que continuaran tocando hasta las seis de la mañana, pues el público eufórico no quería que concluyeran el concierto, a lo que Ninón gustoso, accedió a continuar hasta el amanecer.[29]

La Orquesta América en la Emisora Radio Salas

En 1951, la Emisora CMBZ-Radio Salas propone a Ninón un espacio en horario estelar. En poco tiempo, la orquesta había ganado gran audición, pero los treinta minutos que duraba el programa estaban cargados de anuncios y la gerencia le exige a Ninón un patrocinador que sostenga su Orquesta América, mas, al no encontrar un patrocinador salen de Radio Salas.

Mediante un hermano de Ninón, que era también panadero, van a ver a José Seguí, amigo de su hermano, dueño de la fábrica de galletas El Gozo, en el pueblo habanero de Quiebra Hachas y regresan a Radio Salas con su patrocinio.

Este programa del mediodía en Radio Salas le permitía a Ninón Mondéjar anunciar sus bailes, obsequiar a los oyentes algunas entradas gratis y, ofrecer un baile mensual de beneficio, día entre semana, con motivo de cumpleaños o fiesta familiar del oyente premiado. Esto provocó el auge vertiginoso de la América y que las agrupaciones de competencia vieran disminuidos sus contratos en la radio y los bailables públicos en La Habana.

Con el ingenio creador de Ninón se comienza a interpretar un tema que promocionaba la Galleta El Gozo y que anunciaba:

[28.] Ninón Mondéjar. Testimonio dado al autor en entrevista en 2001.
[29.] *Ibid.*

Dicen que soy hermoso,
Porque como galleta El Gozo,
Las galletas El Gozo,
Hace de mi boca agua,
Qué linda, alimenta,
Y en calidad no hay nada igual.[30]

La Orquesta de Arcaño y sus Maravillas, el Conjunto Arsenio Rodríguez y sus Estrellas y La Orquesta Melodías del 40 se unen en una sociedad para contrarrestar el éxito de la Orquesta América de Ninón Mondéjar, a este consorcio o cofradía se le llamó *Los Tres Grandes* y fueron patrocinados por la poderosa marca de Ron Bacardí, que hacía grandes contribuciones económicas a las cadenas de radio cubanas, para promocionar su marca de rones e intereses políticos a funcionarios del gobierno y del Partido Conservador, es así que con su favor, compran el espacio de 11:30 a.m. a 1:00 p.m. y la Orquesta América tiene que salir de Radio Salas.

No conforme con lo sucedido en Radio Salas, en 1952, con la estrategia de patrocinar a los Tres Grandes por parte del monopolio

30. Ninón Mondéjar. Testimonio y fotografía dados al autor en entrevista en 2006; testimonio para el documental *50 años bailando chachachá*, directora Jill Harley, 2002.

de la firma Bacardí, y de tratar de frenar el éxito de la Orquesta América —por demás simpatizantes del PSP—, Ninón Mondéjar se dirige a la Emisora Radio CMW Cadena Roja y obtiene un contrato en el espacio estelar de media hora de 11:30 a.m. a 12:00 m. Esta emisora era de alcance nacional por lo que el precio del espacio era más caro, pero de nuevo la galleta El Gozo patrocinaría a la Orquesta América, cuyos integrantes eran, en ese momento: Ninón Mondéjar (cantante y manager); Enrique Jorrín (director y 1.er violín); Félix Reina, 2.do violín); Juan Ramos, *Juanito* (flauta); Antonio Sánchez, *Musiquita* (piano); Felo López (contrabajo); Augusto Barcia (timbal) y Calvó (tumbadora).[31]

La calidad impuesta por Ninón y sus muchachos de la orquesta no se ve detenida, continúan siendo solicitados a pesar de los clanes musicales de Los Tres Grandes y Los tres ases. Así, se ven contratados y actuando con varios de ellos, el 25 de noviembre del 1951, en la céntrica esquina de las calles Prado y Neptuno, con motivo de la entrega de las llaves de la ciudad a Arsenio Rodríguez y sus Estrellas Juveniles, en la que se anuncia que «a Los Tres Ases, Conjunto Arsenio Rodríguez, Orquesta Fajardo y Sus Estrellas, Orquesta Ideal; así como al Conjunto de Nelo Sosa; P. Calvó; Negrito Silva y la América de Ninón».[32]

[31] Ninón Mondéjar. Testimonio y fotografía dados al autor en entrevista , en 2006.
[32] Anuncio de prensa no identificado. Cortesía del Sr. Gabriel Mas Díaz, 1953.

La esquina del movimiento del chachachá

La fábrica de galletas El Gozo, para 1953, sigue patrocinando a la Orquesta América, ahora, en un programa de Radio RHC Cadena Azul a las 12:00 m y al mismo tiempo son contratados para realizar bailables en la Sociedad Juvenil Amores de Verano, cuyo dueño, Vicente Amores, *Cayuco,* era un entusiasta promotor cultural y ante el éxito de la América en la radio y la televisión, los contrata para los bailes de los domingos. El local se encontraba ubicado en el segundo piso del edificio de la céntrica esquina de Prado y Neptuno: «En la Academia de la esquina de Prado y Neptuno se cobraba un peso la entrada, se acostumbraba a ofrecerle un refresco y un tamal para la Chaperona. El refresco valía 10 centavos».[33]

1953. Orquesta América de Ninón Mondéjar en un programa de Radio RHC "Cadena Azul" de las 12:00 m. Ninón y Jorrín hacían las voces al unísono que tanto éxito dio a los danzones cantados de la Orquesta América, eran apoyados por lo demás integrantes.

Aunque, según, el cronista Ciro Bianchi, negando todas las versiones anteriores, cuenta que: «*En los altos estaban los amplios salones del Centro Castellano, que alquilaban los sábados y domingos para celebrar bailes públicos*».[34]

[33.] Enrique Zayas. Entrevista concedida al autor, Museo Nacional de la Música, 24 abril 2003.
[34.] Ciro Bianchi Ross: *Letra con música de fondo. Crónicas*, Ediciones Matanzas, 2018, p. 45.

Allí acudían los más fervientes bailadores de La Habana, llamada «la esquina del movimiento», se reunían además, de público bailador, los músicos, bailarines y bailarinas e intelectuales bohemios de todos los cabarets y bares de la ciudad, que al terminar sus trabajos se encontraban para bailar y divertirse hasta el amanecer.

Es por ello que el auditorio tenía como preferencia a la Orquesta América que tocaba temas musicales de nuevo ritmo, muy vivos, fáciles de bailar y que le incitaba a realizar movimientos y coreografías exageradas al ritmo de la contagiosa cadencia, muy propicia para marcar con los zapatos los golpes de la percusión y el bajo, a la par que se arrastraban curiosamente los pies. De este modo, y debido a esa naturalidad en el movimiento de los bailadores, empezó a llamar la atención de todos un novedoso baile —sin nombre hasta ese momento—, al que Ninón Mondéjar, después de ver bailar a las divertidas jóvenes asistentes a la Sociedad Amores de Verano, las «bautizó» *Las Chicas del chachachá*, en alusión al sonido que emitían sus pies mientras danzaban.

Un testigo excepcional y músico reconocido, Oney Cumba, que trabajaba en la Academia Rialto, resaltaría:

> El chachachá lo hizo el pueblo suyo, del público salió y nació el baile, allí en Prado y Neptuno, el público enaltecido coreaba 1, 2, 3 chachachá… y con los pies, yo estando en el Bar Rialto en los bajos del Amores de Verano se podía escuchar esos coros y los pasillos con la música. Las demás orquestas después copiaron a la América.[35]

El pícaro y sagaz promotor Vicente Amores organiza, por idea de Ninón Mondéjar, una verbena en los salones de los jardines de la Cervecería La Tropical y La Polar a la que llamaron *Verbena de las chicas del chachachá*, en alusión al tipo de baile que se estaba haciendo en la esquina del movimiento, en la que participaron muchas de las orquestas de moda y, como atracción principal, la Orquesta América y sus danzones cantados o de nuevo ritmo.

Todo este ambiente musical y coreográfico-bailable adquirió tal auge y popularidad que, sin pretenderlo y de manera inconsciente,

---

[35.] Oney Cumba. Músico. Compositor, delegado del Sindicato Cubano de la Música en México, de 1954 al 1958. Entrevista del autor en su casa en la calzada de Guanabacoa, 2004.

empezaron a nombrar aquellos temas como chachachá —sin imaginar la transcendencia que tomaría lo que empezó como una diversión—, y se vieron en la necesidad de acortar la duración de los danzones y hacerlos más movidos, pronto muchas de las orquestas y compositores se sumaron a este estilo o nuevo ritmo.

La Orquesta América de Ninón Mondéjar dispara su popularidad y demanda de los bailadores y las sociedades, clubes y academias de baile. En reunión de todos los directivos de la Federación de Sociedades Juveniles, efectuada en el mes de enero de 1953, en el Club Oasis, se decide reconocer y otorgar, en nombre de las sociedades juveniles y clubes de Cuba, a la Orquesta América el diploma y estandarte de Creadores del Danzón Cantado, en él se puede leer: *Coronación, a su «Majestad América» creadores del Danzón Cantado, obsequio del pueblo de Cuba. Oasis Club.*[36]

26 de mayo de 1953. La prensa se hace eco de la firma del contrato de trabajo, de artistas exclusivos, con la emisora radial RHC Cadena Azul de Gaspar Pumarejo en la Habana. Lo de la Orquesta América es tremendo, con sólo 30 actuaciones por RHC Cadena Azul, acaba de alcanzar casi 6 puntos de rating en el último survey de la Asociación de Anunciantes de Cuba. La orquesta América es ampliada con nuevos integrantes y estaba compuesta por: Ninón Mondéjar, cantante y manager; Enrique Jorrín, director y 1. Violín; Antonio Sánchez (Musiquita), 2. Violín; Félix Reina, 3. Violín; Manuel Montejo Graden (Papito Camagüey), contrabajo; Gustavo Tamayo, güiro; Augusto Barcia, timbal; Alex Sosa, piano; Julio Salas, tumbadora; Juanito Ramos, flautista y su cantante solista Estanislao Sureda, Laito

EL PRIMER CHACHACHÁ EN LA MÚSICA CUBANA

¡Qué linda, qué linda!,
¡Es mi Cuba caballero!
¡Qué linda, qué linda!,
¡Es mi Cuba, caballero!

Ninón Mondéjar, chachachá / 1953

Del danzón cantado al chachachá

El danzón cantado o de nuevo ritmo, que evoluciona y se desarrolla hasta cristalizar en el chachachá, naciente género musical en La Habana, transitó mediante un lento pero dinámico proceso —como casi siempre ocurre—, de motivaciones y características existentes en los individuos, por el medio social en que se ven inmersos, de un estado inconsciente a un alumbramiento creativo consciente, debido a la constante búsqueda de identidad propia. Muchos aportan y expresan el ritmo en cuestión, como reproducción de la moda o recepción personalizada de lo que otros influyen en su sistema de conocimientos. Es por eso, que tantos aseguran que «el chachachá estaba en el ambiente musical»; y no pocos, cuando se materializa el género musical, reclaman su paternidad. Aunque es cierto que el «ritmo del chachachá» fue captado por varios músicos, algo muy diferente era que pudiera convertirse en un «género musical», y esa definición que se concreta generalmente a través de un individuo, llegó en este caso, a través de Ninón Mondéjar.

En un acercamiento a los momentos más destacados de la evolución de este proceso, se establece, según el punto de vista jurídico-legal, que la aparición de la palabra chachachá en el Registro General de la Propiedad Intelectual, Radicación, del Libro VII, se identifica y es asentada en la obra «El baile del cha-cha-cha»[37] (Nro.

39

[37.] Enrique Pérez Poey. «El baile del cha-cha-cha». Mambo-son. Nro. 43,479. 21 de agosto 1951, p. 500. Registro Gral. de la Propiedad Intelectual. Radicación. Libro VII. (Archivos de la Acdam).

43, 479 - pág. 500), con fecha el 21 agosto de 1951, reconocida con el género musical mambo-son, y aparece en en el Libro VIII, en una segunda titulada «Chachachá»[38] (Nro. 43,593 - pág. 4.), del 14 septiembre de 1951, con el género danzón-mambo, ambos escritos por Enrique Pérez Poey. Una tercera vez, se encuentra en la obra musical titulada «Las Muchachitas del Chachachá»,[39] de la autoría de Calixto Leicea Castillo, registrada en el Libro VIII, con fecha de 31 de agosto de 1952, aunque es una guaracha. Estas son las primeras obras en que se explicita la palabra chachachá, en todas ellas, y en otras que aparecerían con posterioridad, es utilizada a causa de los sucesos de los bailables que ocurrían en el local de Prado y Neptuno, presumiblemente después de la Gran Verbena realizada por la Orquesta América en los Jardines de la Tropical.

La Orquesta América es ampliada, en enero de 1953, con dos nuevos integrantes: un cantante solista, Estanislao, *Laíto*, Sureda y el pianista Alex Sosa, quienes habían pertenecido al popular Conjunto Sonora Matancera, y reubicando a Antonio, *Musiquita*, Sánchez como 2.do violín; el resto de los integrantes eran: Ninón Mondéjar (cantante y manager); Enrique Jorrín (director musical y 1.er violín); Félix Reina (3.[cer] violín); Manuel Montejo Graden, *Papito Camagüey* (contrabajo); Gustavo Tamayo (güiro); Augusto Barcia (timbal); Julio Salas (tumbadora); y Juanito Ramos (flautista)».[40]

El compositor musical Enrique Jorrín Aleaga inscribe tres de sus obras, el 26 de enero de 1953, tituladas: «Engañadora»[41] (con el subtítulo «Puede ocurrir cualquier cosa»), y «Alardoso»,[42] pertenecientes ambas al género mambo; así como la canción «Sueño infinito».[43] Al observar la partitura original de «Engañadora», conservada en los archivos personales de Mondéjar, se constata que su estructura corresponde a la del danzón cantado o de nuevo

40

[38] Enrique Pérez Poey. «Chachachá». Danzón-mambo. Nro. 43,593. 14 septiembre 1951, p. 4. Registro Gral de la Propiedad Intelectual. Radicación. Libro VIII (Archivos de la Acdam).

[39] Calixto Leicea Castillo. «Las muchachitas del Cha cha chá» (Guaracha) Nro. 45, 297, 31 de agosto de 1952, p. 81. Registro General de la Propiedad Intelectual. Radicación. Libro VIII (Archivos de la Acdam).

[40] Ninón Mondéjar. Testimonio y fotografía dados al autor en entrevista en 2006.

[41] E. Jorrín. «Engañadora». Mambo. Nro. 45, 878-p. 108. 26 de enero 1953. Registro General de la Propiedad Intelectual. Radicación. Libro VIII (Archivos de la Acdam).

[42] E. Jorrín. «Alardoso». Mambo. Nro. 45, 876-p. 108. 26 de enero 1953. Registro General de la Propiedad Intelectual. Radicación. Libro VIII. (Archivos de la Acdam).

[43] E. Jorrín. «Sueño Infinito». Canción. Nro. 45, 877-p. 108. 26 de enero 1953. Registro General de la Propiedad Intelectual. Radicación. Libro VIII (Archivos de la Acdam).

ritmo, con una tradicional introducción instrumental danzonera, con células rítmicas del chachachá en su cuerpo central. Si bien es cierto que los aires o célula rítmicos de lo que con posterioridad sería reconocido como ritmo de chachachá están presentes en ella, no se corresponden con su estructura, se puede clasificar como un antecedente, por su elevada contribución al género, pero no una obra del chachachá, por lo que muchos musicólogos la hacen notar como una obra de tránsito o enlace entre un ritmo y un género. Esto explica que el autor no era consciente de que estaba a las puertas de un nuevo género, al igual que otros compositores y sus propios compañeros de la Orquesta América, que componían en su misma línea creativa, bajo la idea de Ninón Mondéjar.

El 25 de febrero de 1953, ocurre un hecho de vital importancia para la Orquesta América y su nuevo ritmo, que convierte la «Engañadora» en un fenómeno de la nueva onda musical y que sería tomado hasta nuestros días como el inicio del *Boom Musical del chachachá*, la firma del primer contrato discográfico de exclusividad de Ninón Mondéjar con Ramón S. Sabat, presidente de Cuban Plastics&Record Corp. «[…] no solo fundador del sello disquero *Pan-Art* (siglas de Arte Panamericano, luego históricamente reconocido como *Panart*), sino también de los primeros estudios de grabaciones propios que tuvo Cuba».[44]

La empresa de los hermanos Sabat, tuvo sus comienzos con una fábrica de platos, cucharas y vasos de plástico en la periferia de la ciudad, en el reparto de Boyeros.

El Sr. Ramón S. Sabat había realizado estudios en los Estados Unidos de América como ingeniero de sonido en la Victor, una vez de vuelta en La Habana, con la compra de los aparatos y equipos de grabación adquiridos al sello discográfico Musicraft, declarados en bancarrota. La ampliación de la fábrica para producir discos de música, resultaba un viejo sueño, para ello establece en el casón de la calle San Miguel nro. 410, los estudios de grabación y la máquina de corte, lo que le permitía realizar en poco tiempo la impresión de los discos después de realizada

44. José Reyes Fortún: *Un siglo de discografía musical cubana*. Ediciones Museo de la Música, 2017, p. 261.

la grabación del artista y su rápida distribución en La Habana y el resto del país, ventaja sobre las demás casas discográficas extranjeras asentadas en Cuba. En sus inicios realizaba una matriz en disco de aluminio y con ella las copias de los discos impresos, la idea de los Sabat siempre fue de realizar discos con una proyección cubana y solo de los músicos y artistas nacionales, desde su fundación en 1944, sin embargo, para 1952-53 había decaído bastante su éxito producto a la feroz competencia en el mercado del disco.[45]

Así es que, en busca de un renacer de la situación de crisis, ven en la Orquesta América de Ninón Mondéjar con su nuevo ritmo, una posibilidad de sobrevivir y eso fue lo que ocurrió con el contrato de exclusividad firmado:

En la ciudad de La Habana a los veinticinco días del mes de febrero de mil novecientos cincuenta y tres, la Cuban Plastics&Record Corp. con domicilio en la calle San Miguel # 410, en esta ciudad, representada por el Sr. Ramón S. Sabat, de una parte y de la otra el Sr. Ninón Mondéjar, director de la Orquesta América, con domicilio en la calle Norte # 503, Marianao. Han convenido lo siguiente:

Primero: Que la Orquesta América grabará para esta compañía y sus etiquetas, tres discos (3) por ambas caras.

Segundo: Que el Sr. Ninón Mondéjar en su calidad de director de dicha Orquesta América recibirá por dicha grabación de tres discos setenta y cinco pesos 00/100 ($ 75.00) por cada disco por ambas caras, o sea seis caras.

Tercero: Que el Sr. Ninón Mondéjar se compromete a darle una opción a la Cuban Plastics&Record Corp. Por un contrato con prórroga por otro para grabar con su Orquesta América Orquesta América ocho (8) discos al año, después que hayan salido los tres primeros discos grabados por dicha orquesta.

Cuarto: Que por los ocho discos que graben durante

[45.] José Reyes Fortún. Entrevista realizada por el autor, 7 abril 2019.

dicho contrato de un año recibirá dicho señor con su orquesta $90.00 noventa pesos por cada disco por ambas caras que graben.

Quinto: Que el Sr. Ninón Mondéjar se compromete a no grabar con su Orquesta América ninguno de los discos que grabe con la Cuban Plastics ni durante el contrato ni después, para ninguna otra compañía.

En Fe de los cual se firma el presente documento el cual podrá ser elevado a público si así lo cree necesario esta Cía. Firmando dos testigos también en el lugar y fecha antes indicados.

Por la Orquesta América, Ninon Mondéjar, director. Por la *Cuban Plastics&Record Corp.*; Ramón S. Sabat, presidente.[46]

26 de Julio 1953. Esquina habanera de Prado y Neptuno, Ninón Mondéjar, Gaspar Fumarejo, estampando su firma en el documento, Eduardo Caballero y Manuel LLerandi, del Departamento de Ventas de Radio Reporter, Humberto Suárez, nuevo director musical de Cadena Azul y Santiago Rubín. El Restaurante Silvana sirvió de escenario para la celebración. Foto: Alburquerque, revista Bohemia no. 30, año 45, pag. 52.

[46.] Contrato de trabajo. Original conservado por Ninón Mondéjar, archivos personales del autor, 25 febrero 1953.

Durante la firma del histórico contrato, la prensa da cobertura difundiendo el acontecimiento y la figura de su director, Ninón Mondéjar, con los temas que están de moda en sus actuaciones. Ahora serían llevados al disco por una disquera nacional, que se proyectaba en franca competencia con las casas discográficas extranjeras, que hasta este momento dominaban ese mercado. Sin embargo, el destaque de la figura de Ninón como director sería nuevamente, un elemento de disgusto para el novel director musical Jorrín.

La Orquesta América de Ninón Mondéjar graba el 9 de Marzo de 1953, el primer disco sencillo (P-1536 / 78 RPM) con la disquera Panart, en los estudios de la calle San Miguel nro. 410 en La Habana, que incluye los temas: «La Engañadora» (mambo-rumba), en la cara A (1238) (1238 / mar-9-53 / P 1536-A, 2059) y «Silver star» (danzón cantado); en la cara B (1237) (1237 /mar-9-53 /P 1536, 2059), ambos de la autoría de Enrique Jorrín. El dueño de la Panart, Ramón Sabat, logra convertir este disco —a solo doce horas de ser grabado—en un éxito para toda Cuba. «Solamente del mes de marzo a diciembre de 1953, este disco llegó a vender 23 000 copias y sus recaudaciones, en gran parte, contribuyeron en mucho a resarcir el déficit económico por el que entonces atravesaba el sello, luego de sus fuertes inversiones en la remodelación de su equipamiento».[47]

Durante el día de la grabación:

> Teníamos seleccionado el tema «Silver Star» para ser grabado pues dada la aceptación del público en nuestras presentaciones y a que yo le había agregado el coro de *«chachachá, chachachá es un baile sin igual»* sabíamos podría ser un éxito, pero no teníamos decidido cuál sería el otro número, sin darnos cuenta en lo que discutíamos cual sería de los tantos que teníamos en el repertorio, medio en broma y medio en serio, se me ocurre preguntarle a Jorrín por qué no hacíamos «La Engañadora» para mover la cosa, pero él se resistía a grabarlo porque a su madre no le gustaba, diciendo que provocaba a la imagen de las mujeres, etcétera, pero todos empezamos a insistirle y finalmente aceptó, claro

[47.] José Reyes Fortún: *Un siglo de discografía musical cubana*. Ediciones Museo de la Música, 2017, p. 296.

era su tema y yo el director de la orquesta, así con esa timidez que lo caracterizaba, se le agregó la rumbita al final del arreglo y mira tú quién imaginaría que sería un palo musical, a partir de ahí me percaté que había que hacer más temas movidos porque la gente lo que más disfrutaba era la rumbita final y dije ¡Ah, cará! Hay que mover los temas desde que arrancan, así que decidí que los próximos números a grabar serían bien movidos y así se lo exigí a Jorrín, Musiquita y Reina.[48]

De esta manera, debido al éxito alcanzado con este primer disco, la Panart supera a la RCA Victor en el mercado musical. Después del éxito rotundo, serían confirmados artistas exclusivos de la Casa Discográfica Panart, y producirían más de veinte discos sencillos, en el futuro.

[48.] Ninón Mondéjar. Testimonio y disco dados al autor en entrevista en 2006.

La Engañadora[49]

Autor: Enrique Jorrín Aliaga.
Género: mambo-rumba[50]

A Prado y Neptuno,
Iba una chiquita,
Que todos los hombres,
La tenían que mirar,
Estaba gordita,
Muy bien formadita,
Era graciosita,
En resumen, colosal,
Pero todo en esta vida, se sabe,
Sin siquiera averiguar,
Se ha sabido que, en su forma,
Relleno tan solo hay,
Que bobas son las mujeres,
Que nos tratan de engañar,
¡Me dijiste!
Ya nadie la mira,
Ya nadie suspira,
Ya sus almohaditas,
¡Nadie las quiere apreciar!

Al hacer una valoración de la partitura original de «La Engañadora», obra musical presentada para su registro en la Sociedad de Autores de Cuba, aunque es inscrita como un «mambo», en su estructura musical se aprecia que es un danzón cantado de nuevo ritmo, por su típica introducción instrumental danzonera y la mesura de su aire rítmico cadencioso y lento, y por el cambio de aire en la tercera parte a un tempo más vivo a modo de rumba, lo que denota elementos de la célula rítmica de chachachá. Todo lo cual permite asumirla como una obra de tránsito del género danzonero al chachachá. Esta tendencia se puede ver, en los inicios, en todas

---

[49] Registro General de la Propiedad Intelectual. Radicación. Libro VIII E. Jorrín. «Engañadora» (mambo). Nro. 45, 878. P. 108. 26 de enero 1953 (Archivos de la Acdam).
[50] Disco Panart 1238 (P 1536-A) 1953. 78 rpm.

las obras del maestro Jorrín, registradas entre 1952 y 1954, generalmente, en el género mambo, lo que denota la no interiorización, ni conocimiento de causa de su tránsito como compositor a un nuevo género musical, resistiéndose a su reconocimiento y prevaleciendo su óptica academicista y concepciones de música clásica, adquirida y practicada en su participación durante la estadía con el maestro Arcaño en su orquesta.

La América en la Radio Cadena Azul

Ahora la Orquesta América de Ninón Mondéjar empieza a imponer su peculiar manera de hacer la música bailable con su estilo del ritmo nuevo, estaba por nacer, debido al empuje de los eufóricos bailadores, el chachachá. Ante esta difusión en la esquina de Prado y Neptuno, la radio empieza a pujar por la exclusividad de la orquesta en su catálogo, siendo la Cadena Azul quien ganara patrocinada por la empresa de Lejía La Cubana:

> El periódico *Pueblo* se hace eco de la firma del contrato de trabajo, de artistas exclusivos, con la emisora radial RHC Cadena Azul, de Gaspar Pumarejo en La Habana, en su programa diario de las 5:30 p.m. ¡La Orquesta América con Cadena Azul! Ninón es director de la Orquesta América, creadora del Danzón cantado que tantos éxitos está obteniendo. La firma de la Orquesta América, con Cadena Azul, se efectuó en la esquina de Prado y Neptuno —la de la «Engañadora». Aquí aparece el nuevo jerarca de la Cadena Azul estampando su firma en el documento, en tanto asisten a la cena Ninón Mondéjar, director de la Orquesta, Eduardo Caballero y Manuel LLerandi, del Departamento de Ventas de Radio Reporter, Humberto Suárez, nuevo director musical de Cadena Azul y Santiago Rubín. El Restaurante Silvana sirvió de escenario para la celebración. Al mismo tiempo que se anunciaba que Ninón Sevilla contratará a la Orquesta América para actuar en México por cuenta de la empresa Calderón Films[51]

[51.] Periódico *Pueblo*, «Orquesta América con Cadena Azul», 26 de mayo de 1953.

La Revista *Bohemia* publicaba:

> En Prado y Neptuno. Aunque usted no lo crea, el contrato que suscribió la Orquesta América, la creadora de «La Engañadora» famosa, con la nueva Empresa Cadena Azul, se firmó en la misma esquina de Prado y Neptuno, ya que ambas partes llegaron a la conclusión de que era el lugar más indicado para ello. La foto, que es un triunfo de Alburquerque capta el acontecimiento. Se ve en la esquina donde «había una chiquita», a Gaspar Pumarejo, máximo rector de Cadena Azul, en unión de Mondéjar, director de la Orquesta América, y otros integrantes de la Emisora: LLerandi, Caballero, Rubín… En la céntrica esquina habanera de Prado y Neptuno, Ninón Mondéjar director de la Orquesta América, con Cadena Azul, aquí aparece el nuevo jerarca de la RHC Cadena Azul, Gaspar Pumarejo, estampando su firma en el documento, en tanto asisten a la cena Ninón Mondéjar, director de la Orquesta, Eduardo Caballero y Manuel LLerandi, del Departamento de Ventas de Radio Reporter, Humberto Suárez, nuevo director musical de Cadena Azul y Santiago Rubín. El Restaurante Silvana sirvió de escenario para la celebración.[52]

La exponencial difusión de los temas de la Orquesta América a través del disco y la radio nacionales, acapara la atención de forma inesperada, y el tema «La engañadora» es popularizado, sobre todo, por los jóvenes bailadores. En la *Revista Bohemia* aparece un reportaje del simpático suceso de creación:

> En todas las esquinas… En todas las barras… En todos los labios salta picaresca y simpática la melodía y la letra del *hit* musical del momento… «La Engañadora» está, en la cantina y en la radio… está en la casa y en la televisión… está en el ambiente popular de cada rincón de calle habanera, llegando con su gracia peculiar a su música pegajosa, un poco de sana alegría de pueblo, y de

---

[52] *Revista Bohemia*, nro. 30, año 45, Julio de 1953, pp. 52, 26. Foto de Alburquerque.

olvido fugaz y momentáneo a tanto problema nacional o particular. «La Engañadora» se ha enseñoreado del ambiente, y ha invadido la República, según demuestran los últimos *surveys*, hechos por las casas importadoras de discos y los establecimientos dedicados al giro de victrolas automáticas... Sí, la Engañadora está en todas partes, en todas las esquinas, pero nación en una popular esquina habanera... Nación en la esquina de prado y Neptuno. La historia de la Engañadora es real, y en este reportaje esta fielmente reproducida esta historia, con los personajes reales que intervinieron en la misma. Para los que duden de la historia real de la Engañadora, bohemia, despeja la incógnita. Aquí está su compositor, Enrique Jorrín... Aquí está el director de la Orquesta América, la orquesta que creó y popularizó el sensacional *hit*. Y aquí está también la señorita Nereida Fonde si ella, que gentilmente se prestó a ser fotografiada como la inspiradora del número... como la «Engañadora».[53]

[53.] Arturo Liendo, «La Engañadora», *Revista Bohemia*, año 45, nro. 24, 14 de junio 1953.

El reportero Arturo Liendo sería un tiempo después, aliado de Enrique Jorrín al compartir la autoría del tema «El túnel», que gozaría de la popularidad entre los bailadores.

La Orquesta América es ampliada en su formación, ahora con once músicos compuesta por: Ninón Mondéjar (cantante y manager); Enrique Jorrín (director y 1.er violín); Antonio Sánchez, *Musiquita* (2.do violín); Félix Reina (3.^{cer} violín); Manuel Montejo Graden, *Papito Camagüey* (contrabajo); Gustavo Tamayo (güiro); Augusto Barcia (timbal); Alex Sosa (piano); Julio Salas (tumbadora); Juanito Ramos (flautista); y su cantante solista Estanislao Sureda, *Laíto*.

El primer chachachá de la música cubana

La evolución del danzón al chachachá, fue un proceso creativo prolongado y cristalizó con la Orquesta América. Es por ello que el día 5 de junio de 1953, se presenta la solicitud de la concesión de autoría, de la partitura de la obra musical «La verde palma real», con letra y música de Anacario Crispiniano Mondéjar Soto, transcrita al pentagrama por Antonio Sánchez, ante el Registro General de la Propiedad Intelectual, asentada en el libro VIII (hoy, archivos de la Acdam), género musical del chachachá, y que aparece subtitulada así: «Esto es Cuba», y considerada el primer tema del chachachá, originario de La Habana, Cuba. Este momento de su primer registro, marcaría el inicio del reconocimiento al mayor de los éxitos musie cales, de un género nunca antes visto.

La verde palma real (Esto es Cuba)

¡Qué linda, qué linda,
¡Es mi Cuba caballero!
¡Qué linda, qué linda,
¡Es mi Cuba, caballero!

En la verde palma real,
Cuajadita de palmiches,
Donde anida la rabiche,
Y alegre trina el zorzal.
¡Ay, qué linda es Cuba!
Qué amanecer tan gallardo,
Cuando húmedos caen rocíos,
Abren nardos aguinaldo,
Perfumando mi bohío.

¡Ay, qué linda es Cuba!
Con sus valles majestuosos,
Impregnados del verdor,
Cuando va cayendo el Sol,
¡Qué paisaje tan hermoso!

¡ Ay, qué linda es Cuba!

¡Qué linda, qué linda,
¡Es mi Cuba caballero!
¡Qué linda, que linda,
¡Es mi Cuba caballero!

Al observar la partitura original de «La verde palma real» se aprecia la depurada estructura musical del chachachá, como lógica realización de un género novedoso resultado de la influencia y desprendimiento del danzón cantado o de nuevo ritmo con fisonomía propia. Es importante en este proceso de creación, diferenciar los conceptos y sus correspondientes definiciones entre ritmo y género. Desde la óptica musicológica, el ritmo de chachachá, surge de forma espontánea, producto del ambiente musical de La Habana y sus interrelaciones entre músicos y orquestas. Así vemos que por ejemplo, los hermanos López, Arsenio Rodríguez, y muchos otros, venían haciendo e incorporando, de fora inconciente, esos modos de hacer —llamémosle, tumbaos, moñas, mambos, etcétera—, que llevaban una combinación rítmica, pero a la que nadie le ponía nombre y, por otra parte todos estos músicos cuando terminaban de trabajar en las academias, bares y cabarets, se iban a terminar la madrugada a Prado y Neptuno, donde estaba La Orquesta América, sonando y guaracheando, con la idea de Ninón. Todo ritmo tiene su impronta en un ambiente musical, contenido en parte, en diversos formatos instrumentales, creaciones y obras, eso es lo que podemos llamar antecedentes musicales, y no todos los ritmos llegan a convertirse en género, pues no pasan de esa estructura simple. Se convierte en género cuando se concreta y sustenta sobre la base de un ritmo musical (2x4, etcétera.), un formato instrumental específico, una arquitectura orgánica-lógica, determinada (introducción, cuerpo y cierre) y un texto con ritmo e idea temática particulares.[54]

Ante este reconocimiento del chachachá, aparecen registradas obras con la palabra y el ritmo de ese género, por autores y músicos reputados en la capital, así surgen temas de Germano Pérez Guzmán, «Mambo chachachá»;[55] Ernesto R. Duarte, «Mi chachachá»;[56] Walfrido Guevara Navarro, «Tres Besitos»,[57] esta última registrada como la segunda obra con el género chachachá; y de Eduardo Verde de León, «Con la misma moneda».[58] En esta etapa resulta curioso el hecho de que ninguna de las obras registradas por Enrique Jorrín, se asentara como género de chachachá, incluyendo la popular «Engañadora»[59]

[54.] Ver Leonardo Acosta: *Otra visión de la música popular cubana*, Editorial Letras Cubanas, La Habana, Cuba, 2004, p. 275.

[55.] Germano Pérez Guzmán. «Mambo chachachá» (mambo). Nro. 46, 560-p. 140. 7 de septiembre 1953. Registro General de la Propiedad Intelectual. Radicación. Libro VIII. (Archivos de la Acdam).

[56.] Ernesto R. Duarte. «Mi chachachá» (montuno-chachachá) Nro. 47, 007-p. 162. Registro General de la Propiedad Intelectual. Radicación. Libro VIII. (Archivos de la Acdam).

[57.] Walfrido Guevara Navarro. «Tres Besitos» (ritmo chachachá). Nr. 47, 121-p. 166. 17 de diciembre 1953.

[58.] Eduardo Verde de León. «Con la misma moneda» (ritmo chachachá). 19 enero 1954. Nro. 47,144-p. 168. Registro General de la Propiedad Intelectual. Radicación. Libro VIII (Archivos de la Acdam).

[59.] E. Jorrín. «Engañadora» (mambo) Nro. 45, 878-p. 108. 26 de enero 1953. Registro General de la Propiedad Intelectual. Radicación. Libro VIII (Archivos de la Acdam).

y las demás creadas por él: «Nada para ti»;[60] «Me muero»;[61] «Silver Star»;[62] «Constancia»[63] y «Osiris».[64]

La opinión autorizada del flautista Sánchez Wambrug al referirse a la evolución y cristalización del «ritmo nuevo», apunta:

> El *chachachá* es el resultado de aquellos cultivadores del *danzón*, permeado del cinquillo, deviene del danzón y sus mezclas con el son, la rumba y otros ritmos, que aportan dos corcheas al último tiempo del compás y una negra al primer tiempo, o sea se pasó a hacer un estribillo más ligero, se deja de tocar la célula del cinquillo para pasar a un ritmo más ligero o sea 1,2,3 *chachachá*... fue el resultado que siente el público bailador de esa célula rítmica y lo haga suyo, se ve en *Silver Star* (*sic*) introduciéndose el estribillo del *chachachá*... La Engañadora (*sic*) tiene una introducción de 4 compases, un desarrollo A y B y un regreso a la introducción y finalmente una rumba para avivar más el tema. Los *músicos* de la época le introducen géneros musicales variados, la rumba, mambo, zamba, bolero, etc., en el chachachá y es aceptado por los bailadores.
>
> El *chachachá* tradicional tiene una Introducción de 4 o 8 compases y le sigue una estructura A repetida 3 veces y un estribillo al finalizar. Para mí «Yo no camino más» es la obra cumbre de la Orquesta América, ojalá yo algún día pudiera crear una obra así, ese tema es la cristalización definitiva del género del *chachachá*.[65]

Por su parte el destacado musicólogo cubano Radamés Giró al describir el proceso de creación del chachachá, puntualizaba:

53

60. E. Jorrín. «Nada para Ti» (canción-Mambo) Nro. 46, 484-p. 136. 16 de julio 1953. Registro General de la Propiedad Intelectual. Radicación. Libro VIII (Archivos de la Acdam).

61. E. Jorrín. «Me muero» (mambo) Nro. 46, 485-p. 137. 16 de julio 1953. Registro General de la Propiedad Intelectual. Radicación. Libro VIII (Archivos de la Acdam).

62. E. Jorrín. «Silver Star» (danzón) Nro. 46, 486-p. 137. 16 de julio 1953. Registro General de la Propiedad Intelectual. Radicación. Libro VIII (Archivos de la Acdam).

63. E. Jorrín. «Constancia» (danzón cantado) Nro. 47, 0757-p. 164. 17 de diciembre 1953.

64. E. Jorrín. «Osiris » (danzón cantado) Nro. 47, 0758-p. 164. 17 de diciembre 1953.

65. Francisco Sánchez Wambrug. Músico, flautista y director de la Orquesta América, entrevista concedida al autor, 2002.

En 1942 Ninón Mondéjar fundó la Orquesta América, que tuvo entre sus músicos a Enrique Jorrín como director musical y orquestador. En la década del cuarenta habían surgido los clubes juveniles, entre otros, Los Jóvenes del Silencio, Fraternidad Estudiantil, Inter Social, Silver Star y la Federación de Sociedades Juveniles (fundada por Mondéjar). La Orquesta América creó un danzón para cada uno de estos clubes, con un estribillo cantado donde se mencionaba el nombre de cada uno de ellos. En la primera parte se ejecutaba el danzón con todas sus partes, y en la segunda, toda la orquesta cantaba una melodía con un texto en el que se mencionaba el nombre de las mismas. Las partes cantadas del chachachá se caracterizan por la incorporación de algunos rasgos estilísticos españoles, como en el chotis «Madrid», de Agustín Lara, y el cuplé «Soy cigarrera», de José Padilla (Torres, p. 194.). El chachachá estaba en el ambiente. En 1948 Jorrín había grabado «Nunca», del compositor mexicano Guty Cárdenas, cuya primera parte hizo en su estilo original, y en la segunda, en tempo más movido. Sin embargo, las primeras obras que se registran como chachachá son de Ninón Mondéjar, por entonces director de la Orquesta América: «Yo no camino más» y «La verde palmera real», grabados por la disquera Panart; después grabó «La engañadora», 1953. Pero no fueron Jorrín y Mondéjar los únicos a quienes la América les interpretó obras, también, entre otros, a Félix Reyna («Muñeca triste»), Rosendo Ruiz Quevedo («Rico vacilón») y Antonio Sánchez Reyes, *Musiquita,* («Poco pelo») (Acosta, p. 93.). El chachachá fue un oasis que siguió al mambo, sus compositores crearon una estilística de charanga, una atmósfera de danza cubana, sin pretender que su densidad sonora le situara más allá del mambo (Galán, p. 211).[66]

[66.] Radamés Giro: «Enrique Jorrín y el chachachá» (artículo inédito entregado al autor), La Habana, abril 2016, 5 pp.

LA GUERRA DEL CHACHACHÁ

No camino más

¡Baila mi chachachá!, ¡Baila mi chachachá!
¡Baila mi Chachachá!, ¡Baila mi chachachá!
¡He! yo me siento,
Yo no camino más,
¡He! yo me siento,
Yo no camino más.

Ninón Mondéjar, chachachá / 1953

La América, la mejor orquesta del año 1953

A finales del mes de junio, los reportes de diversas agencias y medios de noticias destacaban «Lo de la Orquesta América es tremendo, con sólo 30 actuaciones por RHC Cadena Azul, acaba de alcanzar casi 6 puntos de rating en el último survey de la Asociación de Anunciantes de Cuba».[67]

En la *Radio Cinema* se comentaba: «[…] aquí tienen a los creadores de la "Engañadora," "Silver Star," el arreglo de "Nunca" de Guty de Cárdenas y otros sensacionales éxitos de actualidad: la Orquesta América que RHC Cadena Azul de Cuba está presentando diariamente a las 11:30 a.m.; 5: 30 p.m. y 7: 30 p.m. de la noche».[68]

En el mes de junio, después de los sondeos de popularidad realizados por la prensa, la *Revista Avance*, representada por Ángel García Torres (director, cronista radial de *Avance*) y la casa discográfica Panart, por su presidente Ramón S. Sabat, con la determinación del jurado, siendo su secretaria la profesora Hortensia G. Llanos, otorgan el diploma Panart-Avance del Cuadro de Honor Avance Radial a: «Orquesta América por haber sido seleccionado el conjunto musical más destacado del mes de junio».[69] Y destaca en sus páginas:

55

[67.] «Noticia», *Surveys*, Asociación de Anunciantes de Cuba, junio de 1953.

[68.] «Noticia», *Revista Radio Cinema*, julio de 1953.

[69.] *Revista Avance Radial*, 20 de septiembre de 1953.

El danzón cantado «Mi Jeva», de Antonio Sánchez. Y vuelve a nosotros otra creación de la Orquesta América, es un danzón con más calidad de danzón que «La engañadora»; desde el principio se siente la típica cadencia del genuino danzón, la letra (y esto es una cosa rara en esta música) es algo maravillosa por su honda emotividad y sincera evocación al pasado que nos hace recordar. El coro de la América, como siempre, recibe la distinción «Los tres compases» de la prensa.[70]

La *Crónica Tele-Radio-Teatral*, de Villa Clara, otorga a la Orquesta América el diploma de «mejor, más destacada y popular» orquesta típica de la radio y la TV nacional durante 1953, avalados por el periódico *El Villareño* en la persona de Hugo del Cañal; el periódico *El Pueblo*, por Roberto Bello Inufio; periódico *La Publicidad*, refrendado por G. López Clavelo y la Revista *Unidad* por Carlos Fontanill.[71]

El destacado periodista *Pacopé*, en los finales de 1953, comentaba:

[70.] «Noticia», *Revista Avance*, julio de 1953.
[71.] Diploma. Santa Clara. 29 de noviembre de 1953.

Han subido los valores de las orquestas típicas y esto se lo deben a la Orquesta América. Con su innovación del danzón cantado tipo mambo, esta orquesta ha hecho popular los números: «Engañadora» y «Silver Star». Vamos a ver con qué mantienen estos éxitos. Simultáneamente son contratados por Unión Radio y Radio Cadena Habana, además de hacer los programas de TV: Cascabeles Candado, Show del Mediodía y varios otros por CMQ.[72]

En el programa de TV Pesos a diez centavos, del animador Jorge Guerrero, por el canal 11 de 7:00 a 8:00 p.m., se comenta que «actúa la Orquesta América, sobre cuyos hombros descansa la responsabilidad de haber desempolvado el danzón comunicándole nuevos bríos».[73]

A partir de los éxitos de la Orquesta América en Radio RHC Cadena Azul, la discográfica cubana Panart decidió grabar aquellos éxitos. Por ello, en septiembre de 1953, después de esas primeras grabaciones, Ninón Mondéjar le pidió a la Panart que se identificaran como chachachá los temas musicales que la Orquesta América realizara. Los primeros chachachás, registrados en la Sociedad de Autores de Cuba y producidos con ese lema fueron: «No camino más» (1474 / Feb-54 / P 1621), «Dame agua fría» (1523 / Abr-54 / P 1647), y «La verde palma real» (1701 / Oct-54/ P 1707), de la autoría de Ninón Mondéjar. El primer ejemplar del Disco 20135 («La verde palma real» / Ninón Mondéjar-«Luego, luego» / Jorge Zamora) de la *Cuban Plastics&Record Corp.* fue entregado a Ninón Mondéjar por el presidente de la Panart, Ramón S. Sabat, en este aparece estampado con el género de chachachá. Abiertamente, Ninón empieza a imponer su exigencia de director en franco reto al Sindicato de Músicos que no permitía, según su reglamento, que un músico autodidacta fuera reconocido como director, sabiendo que ya por los éxitos obtenidos se elucubraba un golpe de destitución igual al ocurrido en su orquesta, cuando era llamada La Triunfal en 1942.

57

[72.] Recorte de prensa no identificado, archivos del autor, 1953.
[73.] Recorte de anuncio de prensa no identificado, archivo del autor, 1953.

La paternidad del chachachá en disputa

La Orquesta América en el mes de junio de 1953, es contratada para realizar un bailable en la ciudad de Santa Clara, provincia Las Villas —describe Ninón Mondéjar[74]—, habían llegado en la tarde del día 30 a hospedarse en el hotel principal de la ciudad capital del centro del país. En la mañana, después del desayuno, estaban en el *lobby* varios músicos, cuando aparece Enrique Jorrín, en franca actitud de reto, haciendo alarde de la noticia publicada en una revista, que traía en sus manos, y extendiendo a los presentes el artículo escrito, les expresa: «[…] ahora sí se va a saber quién es el director de la orquesta y el verdadero creador del chachachá […]» Ante el asombro que provoca la situación, Augusto Barcia y otros suben a la habitación de Ninón y le alertan de lo sucedido. Al llegar al *lobby* se produce un intercambio de palabras de reclamo entre aquel y Jorrín. Por su parte, Ninón puntualiza, que eso era patrimonio de «todos» en la orquesta. Los integrantes de la agrupación que allí se encontraban intercedieron en su apoyo, y Jorrín, de manera colérica, ofende a todos. En tales circunstancias, se produce un forcejeo entre Ninón y Jorrín, debido al cual este cae al suelo, y recibe un fuerte golpe que le causa una dislocación en el brazo izquierdo; finalmente, esa noche, el maestro Jorrín, no actuaría junto a la orquesta, y regresaría a La Habana. Las actuaciones en Santa Clara fueron todo un éxito, interpretaban música por más de tres horas: comenzaban el primer bailable a las 8:00 p.m. y terminaban a las 10:00 p.m. y el segundo se extendía, a las 11:00 p.m. a 3:00 a.m. Este altercado sería el inicio de la disputa del maestro Enrique Jorrín, en contra de la Orquesta América de Ninón Mondéjar, para adjudicarse la paternidad del chachachá. Llama la atención que los músicos de la orquesta —incluso Reina, *Musiquita* y Tamayo, traídos por él a la agrupación musical— no compartían la misma opinión del maestro Jorrín.

Es conocido que el maestro Enrique Jorrín había realizado estudios de leyes durante su juventud, en La Habana, una vez venido del pueblo de Candelaria, Pinar del Río, donde había nacido. Así, respaldado por sus conocimientos, inicia un proceso judicial contra Ninón Mondéjar, por lo que el 19 de enero de 1954, el juez municipal de Jovellanos solicita a la Sociedad de Autores de Cuba, amparado

---

[74.] Entrevista realizada por el autor a Ninón Mondéjar en su hogar en noviembre del 2001.

en la causa del juicio nro. 127-1953, se le informe a quien pertenece, acerca de las obras musicales, registradas en esa instancia, tituladas «La engañadora», «Silver Star» y «Túnel».[75] Para el mes de mayo de este año, el juez municipal de Jovellanos-Colón formula otras mociones relacionadas con la causa nro. 299 en las que se requiere información sobre varias obras, «La engañadora», etc. y «Yo no camino más».[76]

De esta manera, comenzaría un largo proceso jurídico por la paternidad del chachachá, conocido como «La guerra del chachacá chá», que no concluiría, aun en nuestros días, pero que tendría un cierre legal, plagado de incongruencias y contradicciones, en 1957.

El artículo referido en la *Revista Bohemia* expone:

> Enrique Jorrín, su orquesta y su cha-cha-chá. El Chachachá (*sic*) es un nuevo mensaje de alegría que Cuba lanza al mundo. Surgido como su música, de la más pura entraña musical, Enrique Jorrín, que apenas pasa la veintena, puede presentar ya una rica producción musical y señalarse como autor de un nuevo ritmo bailable —el chachachá—, que constituye un indudable aporte de las manifestaciones folclóricas del cubano y un nuevo mensaje de alegría que, seguramente, recorrerá el mundo. [...] Pero falta algo importantísimo... Ya la pieza ha sido concebida, ahora es preciso que forme parte del cuerpo y del alma de todos y cada uno los integrantes de la Orquesta América, para que la ejecución refiera esa uniformidad y elasticidad rítmica que le es característica... Y Jorrín se confunde entre sus compañeros, en el ensayo pletórico de entusiasmo... [...] «La Engañadora» fluye con su unidad musical y verbal, de la instrumentación y la vocalización de la melodía, en perfecta armonía, tan perfecta, que muchos conocedores han dicho que en ello radica lo nuevo de la técnica empleada en el «danzón cantado»... Se oyen las voces a las que subraya y da tono especial la

59

[75.] Nota sobre juicio de la causa Nro. 127-1953 del Juez Mpal. de Jovellanos. Nro. 47, 133; p. 167,19 de enero 1954. Registro General de la Propiedad Intelectual. Radicación. Libro VIII (Archivos de la Acdam).
[76.] Nota sobre juicio de la Causa Nro. 299 de Colón. Nro. 47, 588, mayo de 1954, Registro General de la Propiedad Intelectual. Radicación. Libro VIII (Archivos de la Acdam).

voz de Ninón Mondéjar: «*A Prado y Neptuno.... Iba una chiquita... Que todos los hombres... La tenían que mirar... Estaba gordita... Muy bien formadita... Era graciosita... En resumen, colosal... Pero todo en esta vida... Se sabe... Sin siquiera averiguar... Se ha sabido que en sus formas... Rellenos tan solo hay*».[77]

Al referirse a este artículo, Mondéjar, comentaba, años más tarde:

Eso fue una traición de Jorrín, porque el periodista me conocía cuando joven, lo que no se acordaba de mí, el periodista cuando la caída de Machado fue mandado por el partido comunista a Bauta a apoyarme con el trabajo sindical para la huelga del 1933, con él fui a organizar a los trabajadores en una lechería, pero cuando llegamos ya el Ejercito la había tomado militarmente, allí nos registraron y detuvieron, a mí no me encontraron nada porque yo nunca he usado armas, pero al otro (se refiere al Gallego) le encontraron una pistola con cabo de nácar y el ejército se la quitó, después de ese problema, no había visto más al periodista, pero yo me acordaba de él. [...] El periodista fue a vernos a la Radio Cadena Azul y cuando terminamos, Jorrín se las arregló y se lo llevó para su casa y allá le dio la entrevista a su conveniencia, ninguno de la orquesta sabíamos esto. El periodista no sabía cómo eran las cosas y como no se acordaba de mí, entonces pasó lo del escrito de la *Bohemia*. Después lo vi en una fiesta –al periodista– que tocamos al gordiflón Quevedo, el dueño de la Revista *Bohemia*, en su finca, y allí me volvió a pasar por el lado y no me conocía, hasta que le tuve que refrescar la memoria, pero ya no fui capaz de reclamarle nada, él no se había acordado de mí. Habíamos levantado en huelga a la fábrica de peine y los panaderos, entre otros.[78]

60

[77.] Eladio Hernández, «Enrique Jorrín, su orquesta y su cha-cha-chá», *Revista Bohemia*, 21 de junio de 1953, nro. 25, pp. 35-36.
[78.] Ninón Mondéjar, entrevista del autor y Jill Hartley, Hotel Gran América, Calle Industria 502, 3. piso, nov. - dic., 2001.

Actúa la Orquesta América en los Carnavales de La Habana en la Carroza patrocinada por la Panart, aparecen en el primer plano, Ninón Mondéjar, Jorrín, Antonio Sánchez, Félix Reina y Augusto Barcia. Febrero del 1954

En la carroza de la estrella del carnaval y sus luceros de La Habana, participa la Orquesta América, en el mes de febrero, Allí sonaban los éxitos recientes, durante el recorrido a lo largo del Paseo del Prado. Debido a la obligación contraída por Jorrín, en contrato con la Orquesta América, se le ve actuar, a pesar de las tensiones con sus compañeros y el propio Ninón Mondéjar.

El emblemático, «Yo no camino más»

Los temas musicales difundidos por la orquesta siguen creciendo y grabándose por la Panart:

A estos resonantes éxitos de ventas seguían nuevas grabaciones de la América con el ritmo chachachá, entre otros, los discos que registraron «El alardoso», «Negro de sociedad» (Pan-1541), «Nada para ti» (Pan-1542) y «El túnel» (Pan-1563). Estas piezas musicales fueron incluidas en los cortes de varios LDs realizados a la Orquesta América: ritmo chachachá. Orquesta América vol. I (LP-306); ritmo chachachá. Orquesta América vol. 2 (LP-310); ritmo chachachá. Orquesta América vol. 3 (LP-316); ritmo chachachá. Orquesta América vol. 4 (LP-324).[79]

El primer álbum compilatorio publicado de la Orquesta América de Ninón Mondéjar, por la Panart, fue titulado *Ritmo Chachachá* (LP 306 de 33 1/3 RPM-VOL. I.). En su cara A incluiría las obras musicales: «La engañadora», «Constancia», «Nada para ti», de la autoría de Enrique Jorrín y «El túnel» (E. Jorrín - A. Liendo); por el lado B: «El Alardoso» y «Silver Star» de E. Jorrín, «Nunca», del mexicano Guty de Cárdenas, y «Anna», («El Negro Zumbón») de Franco y Vatro. De las cuatro primeras compilaciones, editadas por la Panart, el más exitoso sería el *LP 316 de 33 1/3 RPM - VOL. III* del cual se realizaría una edición exclusiva para los Estados Unidos de América, THE AMERICA ORCHESTRA OF NINON MONDEJAR, PLAYS THE NEW CHACHACHÁ RHYTHM! con una selección de temas que incluiría el gran éxito «No camino más» , que a la postre sería el que identificaría a la orquesta, como la creadora del chachachá, cantado de forma magistral por Laíto Sureda, bajo el arreglo musical de Félix Reina a tempo vivo con cierta influencia sonera, y que

[79.] José Reyes Fortún: *Un siglo de discografía musical cubana*. Ediciones Museo de la Música, 201, p. 296.

es conocido como «Yo no camino más»,[80] por su coro pegajoso y lo simpático de su texto. La selección relaciona en la cara A: «No camino más» (Ninón Mondéjar); «Negrito de sociedad» (Arturo R. Ojea); «Chachareando» (Otilio Portal); «Cógele bien el compás» (E. Jorrín); «Orquesta América». Tema (E. Jorrín) y por la cara B: «Hoja seca» (Dr. Roque Carbajo); «Miñoso al Bate» (E. Jorrín); «El chachachá de los cariñosos» (Rosendo Ruíz Jr.).

No camino más[81]

¡Baila mi chachachá!, ¡Baila mi Chachachá!
¡Baila mi chachachá!, ¡Baila mi Chachachá!
¡He! yo me siento,
Yo no camino más,
¡He! yo me siento,
Yo no camino más.
¡Ha! Rararará, ¡Ha! Rararará.
¡Ha! Rararará, ¡Ha! Rararará.

¡Panadero!
Ay, se quema el pan.
¡Panadero!
Ay, se quema el pan.

¡He! yo me siento,
Yo no camino más.

Qué lindo ver un sinsonte,
Cantando en una varía,
Y ver los claros del día,
Alumbrando el horizonte.

Yo no camino más.

[80] Ninón Mondéjar. «No camino más» (chachachá), Panart (P 1621 / 1474), *Orquesta América*, febrero de 1954.
[81] Anacario Mondéjar Soto. «No camino más», ritmo del chachachá, 11 marzo 1954, nro. 47, 290, p. 175. Registro General de la Propiedad Intelectual. Radicación. Libro VIII (Archivos de la Acdam).

Al pie de los altos güines,
Escarba la codorniz,
Y en las ramas del maíz,
Que trinan lindos tomeguines.

Yo no camino más.

Aquí queda demostrado,
Que la América está buena,
Porque toca muy serena,
Con su ritmo bien marcado.

Yo no camino más.
Yo no camino más,
Yo no camino más.

En la grabación de «No camino más» se puede apreciar la peculiar voz, que imita a un pregonero de Augusto Barcia que exclama ¡He! yo me siento y ¡Panadero! Esto fue confirmado por varios integrantes de la orquesta y en particular lo recordaba, Luis Rodríguez: «Augusto Barcia era el que gritaba *¡Panadero!*. En «Yo no camino más» y el primero en poner la paila de pie. Juanito Ramos era maestro de profesión y tocaba la flauta, Antonio Sánchez y Ninón, le indicaron como hacer los floreos y "Musiquita" se los escribía».[82]

Llegan los premios más destacados de Cuba

La Unión de la Crónica tele-Radial Diaria (Uctrd) en La Habana, otorga el trofeo y diploma por ser «la orquesta típica»[83] más destacada de la Televisión Cubana en el año 1953 —en el III Festival de la Televisión que se celebrado el 27 de febrero de 1954—, refrendados por los especialistas de la Radio y la Televisión, y por F. Meluza Otero; Manuel Martín y Alberto Giró, integrantes del Comité Ejecutivo de la Uctrd de Cuba.

82. Luis Rodríguez Macias. Músico y tumbador de la Orquesta América, conversación por los 50 años de celebración del chachachá, 4 noviembre 2002.
83. Diploma y trofeo de la Unión de la Crónica tele-Radial Diaria (Uctrd) de Cuba, Museo Municipal Clotilde García, de los Arabos, Matanzas.

Ninón Mondéjar recibe Trofeo de la Unión de la Crónica tele- Radial Diaria (UCTRD) en la Habana. El Trofeo fue adjudicado por ser la Orquesta Típica más destacada de la Televisión cubana en el III Festival de la Televisión. Firmaron el diploma F. Meluza Otero; Manuel Martín y Alberto Giró integrantes del Comité Ejecutivo de la UCTRD

7 de marzo de 1954. Recibe Ninón Mondéjar el trofeo ACRIT en la Habana de manos del presidente de la Agrupación de la Crónica Radial Impresa y Televisiva (ACRIT) que anualmente realiza la Selección de valores de Radio y Televisión «más destacada», Orquesta América la más destacada de 1953. Certificaron el diploma Ángel G. Fon (presidente); Manuel Martín (secretario) y G. Barbarrosa

Un nuevo premio recibe la Orquesta América, el 7 de marzo de 1954: trofeo y diploma *Acrit 1953*, en La Habana, de manos del presidente de la Agrupación de la Crónica Radial Impresa y Televisiva (Acrit), que anualmente realiza la selección de valores de Radio y Televisión «más destacados»,[84] certificado por Ángel G. Fon, presidente; Manuel Martín, secretario y G. Barbarrosa, director Social y de Propaganda; de esta prestigiosa asociación de cronistas de Cuba.

Ninón Mondéjar con los Trofeos Agrupación de la Crónica Radial Impresa y Televisiva (ACRIT) y Unión de la Crónica tele-Radial Diaria (UCTRD) de Cuba. El 16 de Julio de 1954

«La Orquesta América, como se había vaticinado por la crítica, obtuvo *rating* de 2 puntos en su programa de Radio Cadena Habana de las 8:30 p.m. con alto promedio de audibilidad».[85] «Exitosas fueron también las presentaciones diarias de la Orquesta América de Ninón Mondéjar, en sus presentaciones a las 8:30 p.m. por Radio Cadena Habana Onda Musical Española, en los 790 kilociclos donde se escucha a los creadores del danzón cantado y del Chachachá».[86]

[84.] Diploma y trofeo de la Unión de la Crónica tele-Radial Diaria (Uctrd) de Cuba, Museo Municipal Clotilde García, de los Arabos, Matanzas.
[85.] Recorte de prensa no identificado del 16 de julio de 1954, archivos del autor.
[86.] Periódico *El Tiempo*, La Habana, recorte de prensa del 25 de agosto de 1954.

El periodista Jr. Andrés Castillo, comenta:

A Ninón Mondéjar le debe toda la juventud bailadora, el auge que ha tomado de nuevo el Danzón, ahora en su ritmo Chachachá, y se lo agradecen doblemente a la popular Orquesta América. Lo más original de esta Orquesta es su coro de voces formado por sus propios músicos y que son exclusividad del grupo. Los Danzones cantados se escriben en la misma orquesta y cuando se tocan ya están pulidos y ajustados de tal manera que siempre quedan perfectos, comenta Ninón Mondéjar. A la Orquesta América le cabe el honor de haber amenizado las fiestas bailables donde se unieron las Sociedades Juveniles para fundar la Federación de Clubes Juveniles, entre estas: Oasis, Fraternidad Estudiantil, Jóvenes del 50, Jóvenes del Bronx, Amores de Verano, Inter Social, etc. Mondéjar ha llevado a su orquesta a la TV, más que ninguna otra, ya que ha desfilado por los canales 2; 6 y 11. Son artistas exclusivos de Panart, actúan en Unión Radio a las 6:00 pm y tocan en el Topeka Club.
La Orquesta América tiene cuatro compositores entre sus integrantes a saber: los violines Antonio Sánchez, Enrique Jorrín, el famoso creador de La Engañadora y Félix Reina. El piano: Alex Sosa, que también es compositor. Bajo: Manuel Montejo. Flauta: Juanito Ramos. Timbal: Augusto Barcia. Güiro: Gustavo Tamayo. Tumbadora: Julio Salas. Director: Ninón Mondéjar.[87]

La Federación de Clubes Juveniles, interpretando todo el sentir de sus miembros y de la juventud bailadora del país, sabiendo que Ninón Mondéjar y su Orquesta América han tenido una decisiva participación en la unión de las sociedades, clubes y academias de baile, confiere de manera unánime a la Orquesta América de Ninón Mondéjar, en actividad fundacional en la Sociedad Oasis en 1953, el reconocimiento, en nombre de las sociedades juveniles y clubes de Cuba, el diploma y estandarte de Creadores del Danzón Cantado, en

87. Andrés Castillo, Jr., recorte de prensa de *Gente de la Semana*, La Habana julio-septiembre de 1954, archivos del autor.

el que se puede leer: «Coronación, a su Majestad "América" creadores del Danzón Cantado, obsequio del pueblo de Cuba. Oasis Club».[88]

Después de haber registrado su célebre «No camino más», Ninón Mondéjar presenta la solicitud de su tercera obra musical en ritmo de chachachá titulada «Dame agua fría»,[89] grabada por la Panart en abril del 1954 (P-1647 / 1523), al tiempo que varios autores inscriben otros como, «Su majestad el chachachá»,[90] de la autoría de Arturo Rivas Trejedo y «Bésala y cásate»,[91] del destacado compositor Walfrido Guevara Navarro, llevada al disco por su amigo Ninón, en junio del 1954, para Panart (P-1655 / 1573).

Dame agua fría[92]

Estando una noche en un baile,
Yo vi una parejita,
Bailando, muy pegaditos,
Románticos como nadie,
De pronto una voz sentí,
Después, muchas carcajadas,
Y otras voces que exclamaban,

¡Oye!, agua fría aquí.

¿Dime, agua fría dónde?,
¡Oye!, agua fría aquí,
¿Dime, agua fría dónde?,
¡Oye!, agua fría aquí.

---

88. Estandarte conservado bajo custodia del autor. 2019.
89. Anacario Mondéjar Soto. «Dame agua fría», ritmo del chachachá. 25 de marzo 1954, nro. 47, 399 - p. 180, Registro General de la Propiedad Intelectual. Radicación. Libro VIII (Archivos de la Acdam).
90. Arturo Rivas Trejedo. «Su majestad el chachachá» (ritmo chachachá), 11 junio 1954, nro. 47,674 - p. 197, Registro General de la Propiedad Intelectual. Radicación. Libro VIII. (Archivos de la Acdam).
91. Walfrido Guevara Navarro. «Bésala y cásate» (chachachá) 11 de junio 1954, nro. 47, 706 - p. 199, Registro General de la Propiedad Intelectual. Radicación. Libro VIII. (Archivos de la Acdam).
92. Ninón Mondéjar. «Dame agua fría» (chachachá), Panart (P 1647 / 1523), Orquesta América, abril de 1953.

En la cristalización del género chachachá, a insistencia de Ninón Mondéjar, como palabra clave de identificación en los discos de la Panart, se aprecian algunos elementos muy significativos: la procedencia de la palabra misma, chachachá, llevada al ritmo musical y su canto al unísono, que dan peculiaridad a la expresión creada orquestal, también en disputa por su paternidad. Al respecto, se puede señalar la visión del musicólogo Leonardo Acosta cuando expone:

> En cuanto a su director, uno de sus aportes como cantante fue en insistir en mantener las voces al unísono, así como vocalizar separando las notas, las sílabas del texto. Atribuir este rasgo estilístico a Jorrín es ignorar que Ninón Mondéjar era el cantante de la orquesta y además su director, aun en el supuesto de que Jorrín fuera el director musical (como lo fue Mario Bauzá en la orquesta de Machito). Extrañamente, nada hemos leído que lo afirme, pues el director era extraoficial, pero muy común cuando el director era un cantante, y estamos convencidos de que Enrique Jorrín ejerció esa responsabilidad, lo cual explicaría muchas cosas.[93]

Y cita en su texto a Maya Roy, esclareciendo:

> Obviamente, chachachá es un vocablo onomatopéyico, derivado, en mi opinión, del figurado metrorrítmico del güiro y el cencerro y tomado de ahí por los bailadores, al contrario de lo que afirman los propios músicos, Jorrín entre ellos. Por ejemplo, el compositor y violinista Antonio *Musiquita* Sánchez, de la América, afirmó que ese fue un aporte del güirista Gustavo Tamayo, quien, a su vez, lo tomó de los bailadores, mientras que Jorrín se atribuyó ese modesto papel de seguidor atento de los pasos de baile.[94]

69

---

[93] Leonardo Acosta: *Otra visión de la música popular cubana. Los inventores de nuevos ritmos: mitos y realidad*, Ediciones Museo de la Música, 2014, p. 98.
[94] Maya Roy: *Músicas cubanas*, Ediciones Akal, Madrid, 2003. Citado por Leonardo Acosta: *Otra visión de la música popular cubana. Los inventores de nuevos ritmos: mitos y realidad*, Ediciones Museo de la Música, 2014. p. 94.

Los argumentos dados por algunos músicos, estudiosos y entendidos en este arte, rompen en sus análisis con una lógica filosófica, técnica y musicológica, al anteponer el baile al surgimiento de una canción, ritmo o género, pues el baile no precede a la música, sino que esta es consecuencia de aquel; el sentido del ritmo y la cadencia del bailador por referencia o intuición, es consecuencia de su modo de expresar lo que escucha y siente la melodía con su cuerpo y sentimientos. El bailador o bailarín realiza la coreografía que interpreta en la música, el güiro, el bajo, la tumbadora, etcétera, estos instrumentos o su conjunto no imitan al bailador, todo lo contrario.

Al referirse a este proceso de creación, el músico y compositor Fernando Sánchez, explicaba su experiencia, al lado de su padre Antonio, *Musiquita,* dando su visión:

> En 1948 cuando entra a la Orquesta América de Ninón Mondéjar realiza su primera actuación en el Club Intersocial de la calle Infanta, (yo tenía seis años y fui con mi mamá). El primer mambo-rumba que tocó y después grabó la América fue de *Musiquita,* titulado: «*Yo sabía que un día…*», compuesto en 1948, mucho antes que «La Engañadora» y que era tocado constantemente en todas las presentaciones de la América por lo mucho que gustaba a los bailadores, ya este tema de Musiquita, era portador del ritmo de mambo y chachachá, que habían aprendido todos en Arcaño con los hermanos López. Ya en Arcaño se hacían algunos danzones cantados llamados danzones de «ritmo nuevo», allí se nutrieron todos ellos, Félix Reina, Gustavo Tamayo, Jorrín, Musiquita, todos porque era lo que estaba en el ambiente. Era «ritmo nuevo» ¡todavía no era chachachá ni mambo como género! El chachachá se conforma y se crea en la América y con la idea de Ninón, si fue casual o por negocio o por picardía o todo esto, yo no sé, pero la idea fue de Ninón, los demás llevaron la estructura que Ninón les pidió hicieran, aunque todos aportaron su poco. El chachachá fue una creación colectiva con ocho o nueve *músicos que habían implantado un* «ritmo nuevo» y que nadie le había puesto nombre, nadie lo había inscrito

como chachachá, se conocían como mambo-danzón, mambo-rumba, ... Arsenio Rodríguez le decía «Diablo», fue una creación espontánea, colectiva, de esos músicos que eran los mejores de Cuba, y entonces surge de allí ese «ritmo nuevo» (1946) y después en los cincuenta, se desprende con estructura propia, y se le pone chachachá por idea de Ninón. Todo esto era lo que decía mi padre cuando se hablaba del asunto en la familia. Mi papá se mantuvo después de la disputa y la salida de Jorrín de la América en 1954, porque sencillamente Ninón era una persona única. Para mi papá, Ninon Mondéjar, era su hermano, era una de las mejores personas que él pudo conocer, sencilla y noble. Ninón, según mi padre, tenía ideas musicales fantásticas, si hay un responsable de que existiera el chachachá, ese es Ninón, porque sin estudiar música cuando creaba algo se sentaba con Musiquita, con el que tenía absoluta confianza, y le pedía escribiera lo que quería, tenía una chispa tremenda para la música y los negocios.[95]

Continúa la disputa del chachachá

En la medida que fueron creciendo los éxitos de la Orquesta América, más se agudizaban las contradicciones entre Jorrín y Ninón por las acciones jurídicas y musicales promovidas por ambos músicos. Ninón empieza a imponer su autoridad como dueño y director general, haciendo prevalecer la unión entre los músicos y sobrellevando las situaciones de tensión, pues era consciente del gran músico que era Jorrín, y de lo mucho que podía seguir contribuyendo a la agrupación. Comienza sus primeras conversaciones con la artista cubana Ninón Sevilla, que llegada a La Habana y atraída por el éxito de la Orquesta América con su chachachá, propone a Mondéjar viajar a México. Asimismo, Mondéjar toma las riendas de todo el repertorio archivándolo bajo su custodia, las partituras de cada tema musical las llevaba en un maletín de cuero y las hacía

---

[95.] Fernando Sánchez, hijo de Antonio Sánchez Reyes, *Musiquita*, entrevista en su casa de calle Trocadero e/ Galiano y San Nicolás, Centro Habana, 28 marzo, 2006.

entregar antes de cada presentación, pues tenía sospechas —por los comentarios que le llegaban— de la posible salida, sorpresiva, de Jorrín. El maestro Jorrín ya estaba teniendo conversaciones con los representantes de la casa discográfica RCA Victor en La Habana —en franca competencia con la Panart—, organizando a músicos para realizar grabaciones y estaba siendo apoyado, además, por el secretario general del Sindicato de los Músicos en Cuba, conocido por su afiliación «mujalista»[96] —en favor del sindicato patronal —al gobierno de turno del presidente Fulgencio Batista, y por ser férreo opositor de los simpatizantes del Partido Popular Socialista, al que la mayoría de los integrantes de la Orquesta América pertenecían.

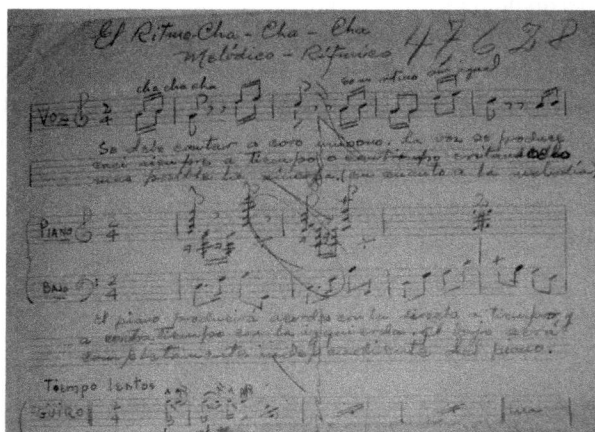

Entre tantas tensiones, el maestro Enrique Jorrín Aleaga se abstiene de entregar nuevas obras musicales de su autoría, y decide conservar las copias de las partituras que conforman el repertorio de la orquesta; y presenta ante la oficina de la Secretaría de Cultura, del Ministerio de Educación, la solicitud de reconocimiento de «El Ritmo Chachachá-Melódico Rítmico»[97] con el número de entrada 045994 expediente nro. 47, 628 con fecha del 6 de mayo de 1954. Al observar el documento pautado, acompañado de la solicitud, se

---

[96.] Grupos de individuos organizados por Mujal, antisindicales o «rompe huelgas» que responden a los intereses patronales.

[97.] Enrique Jorrín. «El ritmo chachachá -melódico rítmico», Ministerio de Educación con el nro. 045994 (entrada), 6 de mayo de 1954. Registro General de la Propiedad Intelectual. Radicación. Libro VIII Nro. 47, 628 (Archivos de la Acdam). Partitura en Archivo Museo de la Música de Cuba.

aprecia la descripción general del motivo figurado de la voz (canto), el piano y el contrabajo, así como el tempo lento y el rápido de las sección rítmica con el güiro, timbal y tumbador; todo a ritmo de 2x4 y los apuntes explicativos referentes al canto, el piano y bajo. «Se debe cantar a coro unísono. La voz se produce casi siempre a tiempo o contratiempo, evitando lo más posible la síncopa. (En cuanto a la melodía). El piano producirá acordes con la derecha a tiempo y a contratiempo con la izquierda. El bajo será completamente independiente del piano».[98]

Este documento explicativo constituye una descripción general del «Ritmo del chachachá», a nombre de Enrique Jorrín, que da inicio a la solicitud legal y que sería utilizado en el proceso de juicio por la paternidad del chachachá, tardíamente presentado ante la instancia nacional de la Secretaría de Cultura del Ministerio de Educación, dirigida por el Sr. Guillermo D.

El maestro Jorrín, según él mismo declaró años más tarde: «El 8 de mayo de 1954, funda su Orquesta, a la cual bautizó con su propio nombre».[99] No menciona quiénes fueron sus iniciadores, ni la primera actuación en público de su banda, ni que ninguno de sus amigos de la América formó parte de su nueva agrupación musical. Sin embargo, al revisar el Certificado nro. 2,455 del 14 de mayo de 1957, expedido a Enrique Jorrín, aparece su solicitud de reconocimiento de la orquesta, con fecha del 16 de agosto de 1955, fecha oficial de su conformación, y en el que se puede leer el emblema: «Orquesta de Enrique Jorrín, creador del Chachachá y los Danzones cantados».[100] Este documento, se ha dicho, reconoce oficialmente a Jorrín, no solo creador absoluto del chachachá, sino también de su antecesor el danzón cantado, algo que viene a confirmar las dudas sobre su real paternidad sobre el chachachá, sabido bien que, desde principios del siglo XIX, ya existían los danzones cantados por los iniciadores del género del danzón. Al

73

[98] Enrique Jorrín. «El ritmo chachachá -melódico rítmico», Ministerio de Educación con el nro. 045994 (entrada). 6 de mayo de 1954. Registro General de la Propiedad Intelectual. Radicación. Libro VIII. Nro. 47, 628 (Archivos de la ACDAM). Partitura en Archivo Museo de la Música de Cuba.

[99] Jorge Luis Zamora Martín: *Jorrín*. Ediciones Loynaz, Pinar del Río, 2012, p. 19.

[100] Certificado. República de Cuba, Ministerio del Comercio, Dirección de la Propiedad Industrial, Expediente nro. 166, 411 del Registro General. Del 16 agosto de 1955. Jorge Luis Zamora Martín. *Jorrín*, Ediciones Loynaz, Pinar del Río, 2012, pp. 17-18.

hacer un análisis más profundo sobre este Certificado de Registro de la Propiedad Industrial, se percibe que este documento, no es acreditativo de que Jorrín sea creador de ningún ritmo y/o género musical, certifica a Jorrín como dueño de la orquesta que utiliza ese lema comercial, así se puede leer en este documento:

> CERTIFICADO DE REGISTRO: a favor de Jesús Enrique Jorrín y Aleaga, establecido en esta capital, por la inscripción del LEMA COMERCIAL conforme al diseño de la vuelta (al dorso del documento) para popularizar sus actividades en el anuncio y propaganda del conjunto musical; concedido por resolución con fecha de 18 de diciembre de 1956 dentro del territorio nacional, según la solicitud formulada por su propio derecho en 16 de agosto de 1955 que anotó al Nro. 16, 411 del Registro General.[101]

La referencia a la composición inicial de la Orquesta de Enrique Jorrín, la realiza Israel Sánchez-Coll, en su «Semblanza de Enrique Jorrín», sin precisar la fuente consultada, en la que aparece, dudoesamente, el cantante Yeyo Estrada, quien había ocupado el lugar de Laíto Sureda y viajaría como cantante líder de la América a México, en ella se señala que la Orquesta de Enrique Jorrín fue integrada como explica: «Él creó su propio grupo con los cantantes Jesús Jorrín (su hermano) y Yeyo Estrada, también incluyó al maestro de la flauta y compositor de La Orquesta Almendra, Miguel O›Farrill; a Orlando Mantecón, en piano; a Mario Papaíto Muñoz, en congas y otros, después partió hacia México».[102]

Las acciones de Jorrín por prevalecer como dueño del género del chachachá continúan sucediéndose. En septiembre de 1954 consolida su alianza con el Sr. Guillermo D., secretario de Cultura del Ministerio de Educación y el Sr. Soris, secretario general del Sindicato de los Músicos, en un viaje a ciudad de México, en busca de contratos de presentaciones para su recién organizada orquesta, al respecto se expone:

[101.] Certificado. República de Cuba. Ministerio del Comercio. Dirección de la Propiedad Industrial. Expediente nro. 166, 411 del Registro General. Del 16 agosto de 1955. Jorge Luis Zamora Martín: *Jorrín*, Ediciones Loynaz, Pinar del Río, 2012, pp. 17-18.

[102.] Israel Sánchez-Coll, «Semblanza de Enrique Jorrín», noviembre de 2010. (isanchez_coll@yahoo.com) http://www.herencialatina.com/Jorrin/Jorrin.htm.

Conociendo Jorrín del éxito que había alcanzado su música en tierras aztecas y del interés mostrado por algunos sectores empresariales, se decide que, en calidad de director y dueño, viaje a México acompañado del Secretario de la Música en Cuba para esta época (década del cincuenta), encontrándose con el representante del Sindicato de los Músicos Mexicanos. Ambas partes firmaron el contrato de las primeras actuaciones de la Orquesta en México. En esta ocasión Jorrín viajo sin la compañía del resto de la orquesta, con el propósito solamente de firmar los contratos y establecer los primeros vínculos de fraternidad y amistad. La delegación cubana hizo un pequeño programa de visitas durante su permanencia en el territorio, entre los lugares visitados se encuentra el Monumento de la Revolución Mexicana, según cuentan Jesús y Consuelo Jorrín.[103]

Al dar este paso, el maestro Enrique Jorrín, declara su ruptura con la Orquesta América, cuando viaja sin previo aviso, ni autorización del director Ninón, según declaró Mondéjar al respecto:

A escondidas de sus compañeros, de los cuales ninguno forma parte de su nueva orquesta, ni de sus planes; y sabiendo del próximo contrato de nosotros [la América] con Ninón Sevilla en México por sus éxitos, fue a neutralizar y a negociar para que contrataran a su orquesta y no a la América, dejándonos embarcados varios contratos ya firmados aquí. Ya eso era insoportable, cuando se enteraron los muchachos de mi orquesta me pidieron hiciera algo, entonces lo saqué de la orquesta.[104]

El 25 de septiembre de 1954, Ninón Mondéjar solicita, mediante carta, a la Unión Sindical de Músicos de Cuba, la baja de Enrique Jorrín por abandono de sus servicios con la Orquesta América por su salida al extranjero, sin previo aviso a la agrupación. La misiva expone:

Compañero: La presente tiene por objeto, solicitar de

103. Jorge Luis Zamora Martín: *Jorrín*, Ediciones Loynaz, Pinar del Río, 2012, p. 22.
104. Entrevista realizada por el autor a Ninón Mondéjar en su hogar en noviembre del 2001.

la «UNIÓN», se le comunique al compañero Enrique Jorrín, los quince días establecidos, para que cause BAJA, en la plantilla de la ORQUESTA AMERICA, comenzándose a contar desde esta fecha. Significo a Ud., que tomamos tal decisión porque el compañero Jorrín ha abandonado los servicios de la orquesta, sin avisar a sus integrantes marchándose al extranjero; en el orden personal no tenemos nada contra el compañero, pero si tomamos tal decisión por el mantenimiento de la disciplina de nuestra Organización Orquestal, a la que ha faltado el compañero Jorrín, dejando plantado los compromisos suscritos mediante contratos legalizados por la Orquesta. En espera en que se le dé a esta formal solicitud, que es cosa definida, me reitero a Ud., no sin antes manifestarle que tan pronto transcurran los días reglamentarios, le comunicaré el nombre del compañero afiliado que sustituirá al compañero Jorrín, en la plantilla de la Orquesta. Fraternalmente. Ninón Mondéjar Soto, director de la Orq. «AMERICA».[105]

A la salida de Enrique Jorrín de la Orquesta América, llama la atención que sus antiguos compañeros de la Orquesta Arcaño, traídos por él a la América —Antonio Sánchez, Félix Reina, Gustavo Tamayo—, permanecieran y continuaran junto a Ninón, como muestra de reconocimiento a quien desde el inicio los acogió y les permitió realizar sus fantasías musicales que dieron como resultado la idea, del chachachá. Ahora el maestro Félix Reina, asume la dirección musical de la Orquesta América apoyado por Antonio, *Musiquita*; y son contratados dos nuevos músicos, el cantante Yeyo Estrada y en sustitución de Enrique Jorrín, el violinista Ignacio Berroa. Muchos estudiosos y biógrafos han asegurado, de forma errónea, que el maestro Jorrín viajó a México con la Orquesta América, pues al ver las películas de ese país, lo han confundido con Ignacio Berroa, debido al gran parecido de sus rostros.

Sobre el momento de la separación de Jorrín de la orquesta de Mondéjar, Oney Cumba, señalaba: «Jorrín y Ninón se fajan en la

---

[105.] Carta de Ninón Mondéjar a la Unión Sindical de los Músicos de Cuba, 25 septiembre de 1954, archivos del autor.

puerta de la CMQ en Monte y Prado, antes de salir para México en 1954, eso fue el colofón de las contradicciones entre ellos».[106]

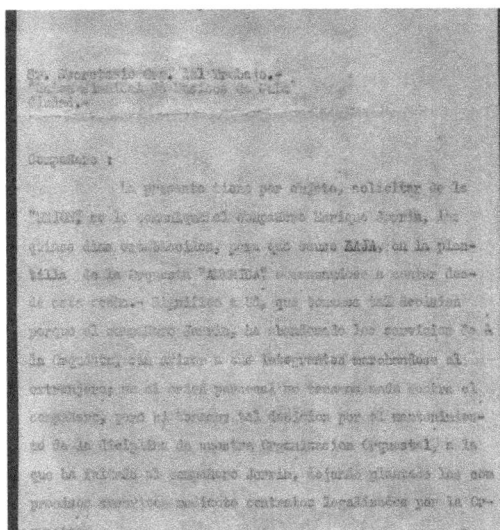

Al referirse a la disputa por la paternidad del chachachá, entre Jorrín y la Orquesta América, el musicólogo Leonardo Acosta señaló:

> Con lo cual pasamos a un dogma tan fuerte o más que el de Faílde y el danzón, y que nos ha catequizado durante décadas; el que nos dice que Enrique Jorrín, sin tomar nada de nadie, inventó o creó el ritmo, el género y hasta el nombre mismo de lo que se convirtió en el chachachá, y que el primer chachachá, fue «La Engañadora», grabado en 1953, pero cuya composición es de fecha dudosa, con versiones que oscilan entre 1949, 1951, 1952 y 1953. De ese y otros números suyos, algunos anteriores Jorrín dijo que los compuso «a partir de 1949», […] Lo primero que nos choca es el hecho contradictorio de que La Engañadora, considerada el número inicial y más emblemático del género fue inscrito inicialmente como mambo-rumba y luego se cambiará la nomenclatura

[106] Oney Cumba. Músico, compositor. Delegado del Sindicato Cubano de la Música en México, de 1954 al 1958. Entrevista del autor en su casa en la calzada de Guanabacoa. 2004.

a mambo-chachachá, tal como aparece en el trozo de partitura reproducido por Helio Orovio. Por sí solo este dato no sería de mayor transcendencia; pero sucede que otros grandes hits de Jorrín, en la misma época, tampoco fueron registrados bajo el rubro de chachachá. Por ejemplo, «Silver Star» (anterior) aparece como danzón cantado, al igual que «Osiris», mientras «Nada para Ti», figura como un mambo y «El alardoso» como bolero-mambo. Los primeros números que sí se registran como chachachás son del entonces director y cantante principal de la Orquesta América, Ninón Mondéjar: «Yo no camino más» y «La verde palma real», el primero un *hit* en la voz de Laíto Sureda y ambos grabados por la disquera cubana Panart, poco después de grabar La Engañadora.[107]

Al ser entrevistado, el maestro Enrique Jorrín por la periodista Daima Cardoso en, « ¿Qué dijo Jorrín sobre tan antológico tema?», explicó: «La Engañadora, incluso, se inscribió como mambo rumba, porque necesitaba un género y no podía situarle uno inexistente. Sin embargo, es el número que marca después la ascensión del movimiento del Cha- Cha- Chá».[108]

Para la Orquesta América y su líder indiscutible, Ninón Mondéjar, resultaba incómodo tener que lidiar con las constantes acusaciones de Jorrín y sus aliados de la RCA Víctor en su campaña difamatoria, que tildaba a Ninón como negociante y desconocedor de la música, ya que no sabía escribirla, ni leerla . Recuérdese, como dijimos anteriormente, que para esta etapa de la historia de la música cubana, los autodidactas o intérpretes de oído, no eran reconocidos como músicos, así, Ninón Mondéjar, incapaz de crear algo, era objeto de burlas, y el éxito logrado por él y su orquesta tenía que ser frenado. Pero no se contaba, entonces, que él gozaba del apoyo de sus músicos, aquellos mismos compañeros de Jorrín, ahora sus rivales, y del público que lo admiraba.

Algunos medios difundían una idea similar a la que, curiosamente, se refiere esta opinión actual:

[107.] Leonardo Acosta: *Otra visión de la música popular cubana. Los inventores de nuevos ritmos: mitos y realidad*, Ediciones Museo de la Música, 2014, pp. 89-91.
[108.] Daima Cardoso: *Jorrín: Una biografía necesaria.*

Importante lo que agrega Fabio Betancur: […] y es Enrique Jorrín el que completa esa evolución del mambo, de la orquesta a las voces, cuando escribe «La engañadora», que es el primer mambo danzonero cantado y ese mambo danzonero cantado es lo que hoy conocemos con el nombre del chachachá. […] Creemos que el chachachá fue creado por Enrique Jorrín y no por Julio Gutiérrez, ni por Ninón Mondéjar quien no tenía el talento para hacerlo. El chachachá no es sólo (*sic*) un nuevo estilo coral, sino un nuevo género.[109]

Años más tarde, Félix Reina en conversación con Jorge Machado Duran, director de la Orquesta América en los años noventa, le comentaba:

> […] Nos quedamos con Ninón, porque todos nosotros habíamos puesto nuestro talento y granito de arena en el nuevo ritmo, no imaginábamos que nacería un nuevo género «el chachachá» […] todos nos molestamos mucho con Jorrín, pasaron muchos años para que volviéramos a reconciliarnos, fíjate que Jorrín y yo éramos «uno» cuando aquello y hubo mucho silencio entre nosotros durante años, un día conversando (se refiere antes de morir Jorrín) el pobre, dijo que «fue una tontería de juventud todo aquello, que podíamos habernos hecho millonarios con el chachachá».[110]

109. Israel Sánchez-Coll, «Semblanza de Enrique Jorrín», noviembre de 2010, (consultado 7 de julio, 2019) http://www.herencialatina.com/Jorrin/Jorrin.htm.
110. Jorge Machado Durán, conversación con el autor en su casa de calle Colón y Crespo, Centro Habana, para documental *50 años de chachachá*, Jill Hartley, 2002.

Orquesta América en un avión, Chihuahua, México, 27 de marzo 1956. America en el zócalo de México, 1ro de mayo 1956.

LA INTERNACIONALIZACIÓN DEL CHA CHA CHÁ

Dame agua fría

¿Dime, agua fría dónde?,
¡Oye!, agua fría aquí,
¿Dime, agua fría dónde?,
¡Oye!, agua fría aquí.

Ninón Mondéjar, chachachá / 1953

Un contrato de lujo

Después de disiparse las discrepancias con Ninón y su Orquesta América aparece anunciado en la prensa de La Habana: «¡Al fin la Orquesta América amenizará dos bailables en el Centro Gallego!».[1-1]

«Grabó la Orquesta América los sabrosos: «Yo sabía que un día» y «Me lo dijo Adela», el martes en la noche en un estudio de la CMQ, para la película *Mulata*. Además, filmarán con Ninón Sevilla. Ninón Sevilla cumple años el 10 de noviembre y lo celbrará allá (México) con la Orquesta América».[112]

Estos chachachás también serían grabados y con gran éxito para Panart, ese mismo mes, en los discos P-1586: «Me lo dijo Adela» (1365) del autor Otilio Portal y «Yo sabía que un día» (1366) de Antonio, *Musiquita*, Sánchez.

Una interesante noticia aparece en la prensa habanera, al hacerse pública la visita de la *vedette* cubana Ninón Sevilla a la Academia Amores de Verano, de Prado y Neptuno, conocida como la esquina del movimiento, cuando se comentaba:

> La música cubana, la norteamericana, la javanesa y la china han recorrido mil etapas en una constante evolución, avivada en veces por revoluciones. Así surgió Pérez Prado con su Mambo (*sic*) y después el ritmo Chachachá, que la Orquesta América impuso en toda

---

[111.] Recorte de prensa no identificado del segundo semestre del año 1954, archivos del autor.
[112.] Recorte de prensa no identificado del 1ro. de septiembre de 1954, archivos del autor.

Cuba. El Danzón (*sic*) cantado fue otra modalidad que rápidamente conquistó a los aficionados y a nuestros compases. Los once músicos de la América se van a México el lunes 8 de Noviembre para cumplir contrato precisamente en el Teatro Margo, que Pérez Prado fabricó para el empresario Félix Cervantes con los abarates que producía su ritmo Mambo (*sic*). La América, con su director Ninón Mondéjar, además será parte musical en dos películas de Mier y Brooks en la que la estrella se nombra Ninón Sevilla.[113]

La ADAM una organización por los derechos de los músicos

Movido por los sentimientos de justicia, la difícil situación del país y sobre todo, por la actividad de algunas cofradías de agrupaciones musicales y sus aliados —dirigentes corruptos y mafiosos que dominaban círculos de poder en determinados espacios de recreo y esparcimiento— y, conociendo de la conspiración armada en contra de la Orquesta América y su dueño y director, por la Secretaría de Cultura y el Sindicato de Músicos, debido a su controversia con Jorrín —por la paternidad del chachachá—, y tomando en cuenta, además, que ya habían sido fichados como «comunistas» por los cuerpos represivos y de inteligencia del país —subordinados a la presidencia de la República de Cuba—, Ninón convoca a los directores de orquestas a formar una alianza para contrarrestar y reclamar los derechos de los músicos: «Ninón Mondéjar, Luis Santí y Pedro Vila invitan a la toma de posesión de la nueva directiva de la Asociación de Agrupaciones Musicales el próximo jueves en el Club San Carlos a las 9 de la noche, Mondéjar, Santí y Vila en la directiva».[114] Tras vencer diversas dificultades, se realiza un nuevo intento por la fundación de la ADAM (Asociación de Directores de Agrupaciones Musicales), sin éxito, aunque se anunciaba:

113. Recorte de prensa no identificado del 25 de septiembre de1954, archivos del autor.
114. Recorte de prensa no identificado del 6 de septiembre de 1954, archivos del autor.

Ninón Mondéjar (Orq. América), Pedro Vila (Orq. Riverside) y Luís Santí (Conjunto Santí) convocan a todos los directores de agrupaciones musicales al acto de fundación y toma de posición (*sic*) de la Asociación de Directores de Agrupaciones Musicales (ADAM), la cual preside Ninón, para el día 14 de septiembre en el Club San Carlos en Santos Suárez. Esta novel organización agrupó a todos los directores de Orquestas, Conjuntos, Tríos (*sic*), etc., que se proponen llevar a cabo una eficiente labor a favor de esa clase obrera, en coordinación con la Unión Sindical de Músicos y la Vanguardia Autoral Cubana.[115]

Por su parte, la junta directiva de la ADAM, al fin, bajo fuertes presiones políticas, realiza y oficializa, su fundación, sobre ello el diario habanero *El Pueblo*, informaba:

Anuncian Ninón Mondéjar, Luis Santí y Antonio Castro la construcción de la Asociación de Directores de Agrupaciones Musicales, el local se encuentra en la calle Aramburo nro. 420 altos, las reuniones se celebrarán los martes. El objetivo primordial es luchar por la reinvidicación (*sic*) de los músicos cubanos, agrupándolos a todos en esa Asociación para logra mejores tarifas, nuevos centros de trabajo y la reglamentación de la música mecánica, trabajaran de acuerdo con la Vanguardia Autoral para combatir los atropellos de la Federación de Autores de Cuba. La toma de posición (*sic*) será el 14 de octubre.[116]

83

Hay que señalar, que bajo estos objetivos y en pro de la clase trabajadora del sector de la música, la existencia de la ADAM fue efímera y fuertemente censurada, pues se le fichó como «comunistas» por los cuerpos represivos del gobierno, la Secretaría de Cultura y la Federación de autores de Cuba, entre otros, por constituir una fuerza de oposición a sus intereses de explotación laboral. Para Ninón Mondéjar se hace aún más difícil poder realizar sus actividades

---

115. Recorte de prensa, periódico *Prensa Libre*, 9 de septiembre de 1954, archivos del autor.
116. Periódico *El Pueblo*, La Habana, recorte de prensa de octubre de 1954, archivos del autor.

como director de su orquesta, a pesar de su arrollador éxito. En una entrevista realizada por Jill Harley, creadora norteamericana, en el 2002 para un documental sobre Mondéjar, explicaba:

> [...] Yo, por mis pensamientos revolucionarios, yo era comunista, desde antes y después del asalto al cuartel Moncada por Fidel, colaborábamos en la orquesta para el movimiento del 26 de julio, me sentí vigilado y veía que me empezaban a cerrar las puertas y contratos en varios lugares, Barcia y yo que éramos los más comprometidos con la causa, sabíamos estábamos fichados por la tiranía de Batista y que corríamos peligro, incluso con nuestras vidas, esto influyó mucho en que decidiéramos aceptar, en pleno éxito de la orquesta en Cuba, el contrato con Ninón Sevilla para México.[...][117]

Mientras la América y su líder Ninón Mondéjar disponían los preparativos de viaje a México, el maestro Jorrín realizaría una movida rápida a ese país prescindiendo de su idea de organizar la orquesta en La Habana, pues necesitaba anticiparse a los planes de sus ex compañeros. Es por eso que se presenta ante Rivera Conde y le entrega una carpeta de repertorio con sus temas recién compuestos, allí con el apoyo de la RCA Victor, organiza una orquesta, solamente para realizar grabaciones, con algunos cubanos, entre ellos el cantante Yeyo Estrada, y otros músicos mexicanos. «De esta manera, grabaría de su autoría: «El lunático» (E4XB-5624 10/26/54 V 23-6570), «Me muero» (E4XB-5625 10/26/54 V 23-6570), «Late corazón» (E4XB-5676 11/16/54 V 23-6586), «Dónde vas» (E4XB-5677 11/16/54 V 23-6586), «Cógele bien el compás» (E4XB-6228 12/14/54 V 23-6616), y de Ñico Saquito, «La botaste Jorrín» (E4XB-6229 12/14/54 V 23-6616)».[118]

84

[117.] Jill Harley: *50 años bailando chachachá*, documental, Ola lola film (UNAM), 2002.
[118.] Cristobal Díaz-Ayala: *Encyclopedic Discography of Cuban Music*, 1925-1960 - Section: I - J - K Files, consultado en agosto de 2019.

La Orquesta América a México, ¡a bailar chachachá!

En las postrimerías del mes de septiembre, Móndejar y Ninón Sevilla hacen una breve estancia en territorio mexicano, para organizar la llegada de la Orquesta América a ese país, y confirmar y garantizar mediante contratos su presencia en la hermana nación. «Ninón Mondéjar, director de la Orquesta América, creadora del ritmo Chachachá (*sic*) salió en un *Constellation* de la Cía. Cubana de Aviación, con destino a Ciudad México, al objeto de estudiar el mercado mexicano, en cuanto a la presentación en tierra Azteca (*sic*) de la famosa Orquesta Típica Cubana».[119] Sin embargo, en varias entrevistas realizadas por el autor a Mondéjar, este puntualizaba que sabiendo él que Jorrín, había apresurado su viaje para evitar la maniobra —lo que hace suponer que hacía referencia, tal vez, a momentos diferentes— y que, al revisar la prensa de la época, esta sería su única ocasión en que viajó con Ninón Sevilla. El periódico *Prensa Libre* de La Habana comentó: «Ninón Sevilla está en tratos con la Orquesta América, la creadora del Chachachá (*sic*), para llevársela a México por cuenta de Perico Calderón, propietario de Calderón Films.[120]

Ahora, con dos nuevos integrantes, comienzan la preparación para el nuevo contrato en Ciudad México, al tiempo que completan las partituras de los temas musicales del repertorio, que a la salida de Jorrín de la agrupación, quedaron inconclusas por el propósito del maestro, de dificultar que la orquesta continuara trabajando, pero aquel ignoraba que Mondéjar había tomado la precaución de hacer copias de la mayoría de los números musicales. Tiempo después, se sabría qué parte de esas partituras entregaría Jorrín a la cienfueguera Orquesta Aragón, dirigida por el insigne músico Rafael Lay, así como que le compondría el tema de presentación a la charanga Aragón.

El entusiasmo por la incursión de la América en el país azteca, no impide sus presentaciones en los días previos a la partida, viéndose entre las más destacadas: «Antes de partir a México el Club

---

[119.] Recorte de prensa no identificado de septiembre de 1954, archivos del autor.
[120.] Periódico *Prensa Libre*, La Habana, recorte de prensa del 9 de octubre de 1954, archivos del autor.

San Carlos de Santos Suárez realizó un baile para recaudar fondos para el PSP por gestión de su tesorero Pelegrín Torras».[121]

Y en el maratón bailable: «Realiza su última presentación, antes de partir hacia México, la Orquesta América en la Verbena realizada en el Club de Ferreteros, cita en Ave. 1.ra y calle 20, en Miramar, junto a Rey Díaz Calvet y su Orquesta Gigante, La Orquesta Hnos. Castro y el Conjunto Jóvenes del Cayo».[122]

Finalmente, desde el aeropuerto de La Habana, viajan a Ciudad México, Ninón Mondéjar y su Orquesta América, la creadora del chachachá:

> [...] partió la Orquesta América con 11 músicos para México para actuar en el Teatro Margo. Estos son: Ninón Mondéjar, cantante; Félix Reina, 1. violín; Antonio Sánchez «Musiquita» (sic), 2. violín; Ignacio Berroa, 3. violín; Augusto Barcia, timbal; Gustavo Tamayo, güiro; Julio Salas, tumbadora; Alex Sosa, piano; Armando Montejo «Papito Camagüey» (sic), contrabajo, Juanito Ramos, flauta y Yeyo Estrada, cantante.[123]

A la llegada a Ciudad México, los músicos de la orquesta permanecieron varios días sin poder presentarse al público. La resistencia del Sindicato de Músicos de México, amparada por la inexistencia de un convenio internacional con Cuba, que permitiera a músicos de ambos países trabajar en sus respectivos territorios, y debido a los compromisos contraídos con la delegación cubana en la que participó Enrique Jorrín, dificultó las negociaciones, pero no impidió que Mondéjar, Ninón Sevilla y Perico Calderón, entre otros, lograran establecer el primer convenio de colaboración artística, mediante la Secretaría del Sindicato de Artistas de Teatro, Cine y Televisión, un nuevo logro de la perseverancia y el espíritu sindical de Ninón Mondéjar. A tales efectos y de manera inmediata, fue nombrado y llegó procedente de La Habana, el músico, compositor y representante del Sindicato de Músicos de Cuba, Oney Cumba,

---

[121.] Recorte de prensa no identificado del 2 de noviembre de 1954, archivos del autor.
[122.] Recorte de prensa no identificado del 6 de noviembre de 1954, archivos del autor.
[123.] Recorte de prensa no identificado de 8 noviembre de 1954, archivos del autor.

con la misión de hacer cumplir los intereses de los músicos cubanos para su organización sindical en México.

El maestro Oney Cumba explicaría:

> Soris Martínez, secretario general de la Música en Cuba me indicó que fuera a México y me ocupara del asunto de La América, porque Ninón se negaba a seguir las pautas de nuestro Sindicato (*sic*), porque Ninón firmó contrato con la Federación de Música de México que no está asociada al Sindicato. Ninón se negaba a rendirme cuenta cuando llegué en 1955. Fui nombrado por el presidente de la República Mexicana, Sr. José Manuel Cortié.[124]

Después de negociado este convenio serían muchos los artistas cubanos que podrían ser contratados para sus actuaciones en el territorio azteca, incluyendo al propio Enrique Jorrín. El el 17 noviembre, la prensa se hacía eco de las declaraciones de Mondéjar: «Ninón Mondéjar, director de la Orquesta cubana América, asegura no tener problemas para actuar en México».[125]

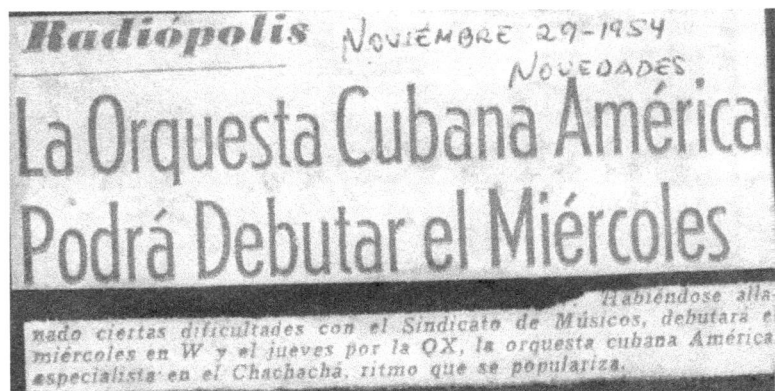

La actuación inaugural de la Orquesta América era destacada con un resonante anuncio por la Empresa de Félix M. Cervantes:

Teatro Margo. Éxito total: del inventor del Chachachá (*sic*)

---

124. Oney Cumba. Músico, compositor; delegado del Sindicato Cubano de la Música en México, de 1954 al 1958; entrevista al autor en su casa en la calzada de Guanabacoa, 2004.
125. Periódico *Excelsior*, D.F. México, 17 de noviembre de 1954.

con Borolas, Jassó, los Hnos. Reyes, Chelo La Rue y su Ballet de Bellezas Pin-Up. Director Ricardo Luna. Actuación Especial con «Margo» exquisita bailarina. Chachachá con la Orquesta América de La Habana. Andrés Huesca, Alicia y Efraín, Mary y Loris, Pepe Hernández, Silvestre y Tabaquito, Trío Huracán, Amparito, Altia Michel, Manolita de Córdova, Lucha y Lupita. ¡Oiga, la Colosal Orquesta América, fue un éxito![126]

El 19 de noviembre participan en: «Homenaje de los artistas cubanos a Jorge Negrete en el Panteón-Jardín, entre ellos: Ninón Sevilla, Miguelito Valdés, Ramón Peón, Raquel Revuelta, Dalia Iñiguez, Ninón Mondéjar y su Orquesta, Roxana y los Martín, Lupe Carriles y Ernesto Finance, representante de la Asociación de Actores Nacional».[127]

[126.] Periódico *El Universal*, D.F. México, jueves 18 noviembre de 1954.
[127.] *Revista Cine Mundial*, D.F. México, 19 de noviembre del 1954.

Homenaje de los artistas cubanos a Jorge Negrete en el Panteón-Jardín

Destaca, además, la prensa:

> Actuó en el Margo, Ninón Mondéjar creador del Chachachá...
> y su Orquesta América en la revista musical. «Un
> momentito... estoy bailando Chachachá», de José Vázquez

Méndez. Actúan junto al humorista Verdaguer, la pareja de Baile Ébano y Raquel, el Ballet de Chelo la Rue, la bailarina principal Margo, los bailarines del dúo Chamacos Norton, los cantantes Amparito, Jasón, Lucha, Los Huesca, el trío Huracán y Manolita de Córdova, cantante invitada.[128]

A solo setenta y dos horas de haber iniciado sus actuaciones en el Teatro Margo de Ciudad México, ya la prensa señalaba: «Margo vuelve a interesar a su público con la presentación de la Orquesta América de La Habana y su sala se torna muy concurrida. El conjunto musical es bueno».[129]

La Revista *Radiolandia* comentaba su presencia en México:

El nuevo ritmo del chachachá se abre paso con la orquesta cubana América de Ninón Mondéjar, quien declaró: «me dio la idea del Chachachá (*sic*)…el pasillo de los bailadores al danzar y el rayado del güiro que claramente dice cha… al ser tocado. Tiene dos años de haberse

---

[128] Recorte de prensa no identificado D.F México, de 20 de noviembre de 1954, archivos del autor.
[129] *Ibid.*

dado a conocer en Cuba, el Chachachá, a mediados del 1952 y ha conmocionado de tal manera a La Habana que no hay orquesta y habitante que no toque y baile. La semana pasada he comenzado a grabar una serie de canciones en chachachá, las primeras son "Isabelita" y "Chabela". Mi especialidad es cantar, lo cual hago desde los 17 años, comencé mi carrera artística interpretando canciones rancheras mexicanas en compañía del trío CMX (emisora de Radio) en La Habana».[130]

Ante la insistencia de los medios de prensa, sobre algunas negativas para las actuaciones de la orquesta —a pesar de su inmediato éxito—, se logra que se haga pública la posición del sindicato del sector:

Ningún obstáculo a una Orquesta Cubana (*sic*), declaró Roberto Neri, secretario del trabajo del Sindicato de músicos, ya existe un convenio con el Sindicato Cubano para trabajar libremente en nuestro país. La prueba es que el mes entrante, Dic. (*sic*), la América grabará varios discos y participará en programas radiofónicos y televisados.[131]

Una vez confirmado de forma oficial, el establecimiento, del convenio de trabajo en México, se suceden múltiples presentaciones y sobre todo, con una amplia cobertura de los medios de prensa, que favorecerían la aparición de Ninón Mondéjar y sus muchachos de la orquesta: «Se anuncia la actuación, hoy, de la orquesta cubana América con su Chachachá en el pórtico del Teatro Margo».[132]«La Orquesta América y el creador del chachachá Ninón Mondéjar serán homenajeados en el Centro Nocturno Java».[133] «La Orquesta América podrá debutar el miércoles, 1 de diciembre en la W Radio y el jueves por la QX».[134]«Grandioso homenaje a la gran Orquesta América de La Habana y al creador del Chachachá, Ninón Mondéjar,

---

[130.] *Revista Radiolandia*, D.F. México, 27 de noviembre del 1954.

[131.] Periódico *Excélsior*, D.F. México, 27 de noviembre del 1954.

[132.] Recorte de prensa no identificado, D.F. México, de 28 de noviembre del 1954, archivos del autor.

[133.] Periódico *Última Hora*, D.F, México, 28 de noviembre del 1954.

[134.] *Revista Novedades*, D.F. México, 29 de noviembre del 1954.

los invitados de honor son: Bertica Serrano, Mary Esquivel, Roxana, Cacha, sin faltar Nava Ohay Flor. Atención especial de Ricardo, Orquesta Melódica».[135]

La radio, la televisión y el disco, un diciembre de confirmación

Los músicos de la orquesta, dirigidos, por el maestro Félix Reina, comienzan a llevar temas musicales de moda y típicos de México al ritmo de chachachá, y son bienvenidos autores mexicanos que componen para este género. Durante el mes de diciembre de 1954, la orquesta y su ritmo nuevo, se abren camino e imponen su calidad profesional, en realidad, la orquesta es un «todos estrellas» de la música, es muy improbable que antes, en la historia de la música cubana, se hubiesen reunido en una sola orquesta, tan brillantes músicos. Más adelante sería el momento de inicio del mayor «Boom» del que se haya tenido conocimiento en la música de la Isla de Cuba, marcando con estos éxitos la internacionalización del chachachá: «Con la Orquesta América sale la canción "Dámelo" de Julio Cárdenas en arreglo de Antonio Sánchez en Chachachá».[136] «El debut por QX Radio será la semana entrante. Se pospuso el debut por falta oportuna de los papeles migratorios».[137] «La orquesta cubana América grabó el día de ayer (2 de dic.), un chachachá del maestro Severo Mirón, titulada "Pobre, flaca y fea".[138]

Del mismo modo se destacaba en distintos medios: «En el Margo sigue trabajando Ninón Mondéjar, creador del Chachachá con su conjunto musical y en verdad van logrando su empeño: Poner de moda en México tal ritmo».[139] «Otro debut importante, la orquesta cubana América a las 9 p.m. de este jueves en el programa de TV "Revista de Contrastes" y estará invitada al programa del sábado "La policía siempre vigila"».[140] «[...] a propósito, el viernes pasado en el domicilio de María Alejandra, se dio una fiesta de homenaje

[135.] Periódico *Excelsior*, D.F. México, 1ro. de diciembre del 1954.
[136.] Recorte de prensa no identificado, D.F. México, *La afición en radio y TV*. 1ro. del diciembre del 1954.
[137.] *Revista Novedades*, D.F. México, 1ro. de diciembre del 1954.
[138.] Periódico *El Zócalo*, D.F. México, 3 de diciembre del 1954.
[139.] Recorte de prensa no identificado, D.F México., de 4 de diciembre del 1954, archivos del autor.
[140.] Revistas *Ovaciones* y *Cine Mundial*, D.F México, 7 de diciembre de 1954.

a Miguelito Valdés. Animó la fiesta el conjunto musical de Ninón Mondéjar y su ritmo Chachachá».[141] «Comienzan a actuar en el Centro Nocturno Astoria de México».[142] «Hace unos días que la Orquesta América de Ninón Mondéjar, el cubanito a quien se le atribuye la paternidad del Chachachá, llevó al acetato, para la firma Musart, el bolero "Dámelo", del chaparrito Julio Cárdenas Reza, todo hace suponer será el Chachachá de moda de esta temporada de pachangas».[143] «Se presenta la Orquesta América de Chachachá los domingos en Televicentro. El próximo jueves en el programa "Revista de Contrastes" de QX».[144]

16 de diciembre de 1954. Marquesina del Centro Nocturno Astoria de México donde se anuncia la primera actuación de la Orquesta América junto a Raúl y Maria Carmen Rey

Ahora todos en México quieren bailar con la Orquesta América y a ello contribuye de modo decisivo, la amplia cobertura de la prensa; las listas de éxitos en las emisoras son acaparadas por el ritmo del chachachá, y «No camino más» va identificando a sus creadores. Al respecto se destacaba:

---

[141] *Revista Radiolandia*, D.F. México, 9 de diciembre del 1954.
[142] Recorte de prensa no identificado, México, D.F., 16 de diciembre de 1954.
[143] *Revista Cinema México*, D.F México, 4 de diciembre del 1954.
[144] Recorte de prensa no identificado D.F México, 14 de diciembre de 1954.

La Orquesta América de Ninón Mondéjar salta a la conquista del Público (*sic*) y si su famoso Chachachá no entra a las primeras de cambio, pone un botón de muestra para popularidad con un punto guajiro. Yo no camino más, con estribillos cubanísimos está a un paso de convertirse en número de preferencia para los adolescentes que bailan hasta la cabeza.[145]

Y continúan reseñando: «Bailando chachachá veremos a Lupe Torrontera con la Orquesta América, el sabroso ritmo nuevo tendrá en este programa una forma más de popularidad».[146] «La Orquesta América está contribuyendo mucho a que el Chachachá (*sic*) se popularice más. En el Margo se especializa en ese ritmo y además ya debutaron en programas de W y Q».[147] «La Orquesta América titular de esa serie ha logrado imponer en muy pocas semanas de actuar ante los micrófonos de XEQ, XEW y ante las cámaras de TV2».[148]

[145.] Prisciliano, «Movidito», recorte de prensa no identificado, D.F México, 16 de diciembre de 1954.
[146.] Recorte de prensa no identificado D.F. México, 19 de diciembre del 1954.
[147.] Recorte de prensa no identificado D.F. México, 20 de diciembre del 1954.
[148.] *Revista Cine Mundial*, D.F. México, 22 de diciembre del 1954.

«Salió a la venta el chachachá "Dámelo", de Julio Cárdenas Reza, fue grabado por Musart por la Orquesta América».[149]

A la misma vez que en otros escenarios, comenzarían las actuaciones en el cabaret Las mil y una noches. Es de señalar que se extenderían por dos años, hasta diciembre de 1956, lo que fue un récord de actuación para una orquesta extranjera en Ciudad México, algo poco usual y nunca visto en en esa capital, allí acudían semanalmente cientos de jóvenes y el público bailador de la música cubana.

Al cierre del año 1954, ya la Orquesta América había logrado contundente éxito, y reconocimiento como los verdaderos creadores del nuevo ritmo cubano chachachá, pero la disputa, entre La América y Jorrín, retomaría nuevos matices ahora entre La Habana y el territorio mexicano.

«Fue tal el triunfo en México que el Club de Fútbol América asume el tema de la orquesta de Ninón como su himno».[150]

1955, año de la internacionalización del chachachá

Los éxitos de la América en México reavivan la disputa entre Jorrín y Ninón. Desde La Habana, el maestro Jorrín declaraba a distintos medios de prensa, su paternidad del ritmo. En Cuba se conocen ampliamente los éxitos que van obteniendo Ninón y sus muchachos, mientras varias orquestas en La Habana agradecen la ausencia de la América, para posesionarse en la preferencia del público, pero ni aun así dejan de escucharse en la radio y las vitrolas de la isla los discos de la Orquesta América ni de difundir sus éxitos en tierras aztecas.

El Comité Ejecutivo del Sindicato de Empleados de Periódicos de México, el 10 de febrero de 1955, durante una actuación en su sede oficial, reconoce mediante diploma: «*A Ninón Mondéjar creador del apasionante ritmo Cha –Cha –Chá* (sic) y a su magnífica Orquesta América, fieles intérpretes con el sincero reconocimiento del Sindicato de Empleados de Periódicos de México en su XXVII aniversario por su desinteresada y brillante actuación».[151]

149. *Revista Claridades*, D.F. México, 26 de diciembre del 1954.
150. Chú Díaz, programa Añoranzas, Radio Clásica 92.3, Miami, Fl. 6 de diciembre, 2003, 10:00 a.m.
151. Diploma, Comité Ejecutivo del Sindicato de Empleados de Periódicos de México, Museo Municipal Clotilde García, de los Arabos, Matanzas.

Movidos por la nostalgia de la familia, la rápida prosperidad económica alcanzada en territorio mexicano, en tan solo tres meses, y la inconformidad por la prolongación del contrato de Ninón, cinco de los integrantes de la orquesta de Ninón Mondéjar deciden regresar a La Habana. El delegado sindical de los músicos de Cuba en México, Oney Cumba, recordaba que fue testigo de algunas discusiones entre ellos y Ninón, pues este insistía en cumplir con los contratos firmados ya que, como director general, había resuelto prorrogar su estancia en México por un año.

> Cuando debutan en el Waldorf Astoria, frente al hotel surge una discusión entre Ninón y el flautista Juanito Ramos, porque no querían seguir en México. Después hace su segundo debut con dos flautistas, una innovación en las Charangas (*sic*). Yo creía que la Orquesta América no funcionándole el chachachá desaparecía, pero no fue así.[152]

Algunos motivos no solo económicos, sino también personales, coinciden en esta decisión de Ninón. Modéjar y Augusto Barcia eran colaboradores de los revolucionarios del Movimiento 26 de julio. No es menos cierto, que la Orquesta América parecía estar en todas partes. Sus múltiples actuaciones, a veces los fines de semana, resultaban agotadoras, pues en un solo día eran contratados para hacer cuatro o cinco bailables, desde el mediodía hasta entrada la madrugada. Terminada una actuación en el Teatro Margo, los músicos Antonio Sánchez, *Musiquita* (2.do violín); Gustavo Tamayo (güiro); Julio Salas (tumbadora); Armando Montejo, *Papito Camagüey* (contrabajo); y Juanito Ramos (flauta), abandonan la orquesta y retornan a La Habana. Meses después, junto al pianista Rubén González y otros músicos, organizarían la Orquesta América del 55, para disfrute de los bailadores cubanos.

> América del 55. En La Habana Juanito Ramos decide fundar la Orquesta América 55 con el sonido y el repertorio original de la América de Ninón Mondéjar, junto a él estaban: Antonio Sánchez, Manuel Montejo, Gustavo Tamayo, y Julio Salas, todos regresados de

152. Oney Cumba, entrevista concedida al autor y Jill Hartley en su casa de Guanabacoa, 2003.

México. Y contratan a Rubén González (pianista del Cabaret Sans Souci), Pascualito Hernández, timbal; Tony Raimart y Cheo Junco (cantantes). La América 55 sin competencia en Cuba son vistos como gente de otro planeta porque Juanito Ramos, un director sobrio y buena gente, contaba con Tony Sánchez, *Musiquita*, un gran compositor y lo aprovecha para componer nuevos lo mismo que los anteriores. para la América 55. Entre esos éxitos de Sánchez, *Musiquita*, está «Poco Pelo» (*sic*) inspirado en Ninón Mondéjar.[153]

El cantante y compositor cubano Fernando Sánchez, hijo de Antonio Sánchez, *Musiquita*, explica la separación de esta manera:

> Cuando llegaron a México, el tema «Yo sabía que un día» era todo un *hit*. Después se regresan algunos, entre ellos mi papá, porque era tanto el éxito, que Ninón prolonga los contratos, pero movidos por los deseos de volver a La Habana con la familia y con un buen dinero en los bolsillos, se disgustan y se regresan. Ninón Mondéjar era un músico-negociante, tenía luz larga para los negocios y avizoraba lo que vendría y al no ser comprendido por estos músicos, allá en México, surge una fuerte disputa y algunos se regresan, entre ellos mi padre. Pero ni aun así mi papá, *Musiquita*, dejó de ser amigo de Ninón y admirarlo. La Orquesta América llegó a ser lo que fue gracias a Ninón Mondéjar, él era el único capaz de reunir a esos tremendos músicos, de mantener diez músicos estrellas ahí bajo su dirección. Los mejores años de realización musical de mi papá fueron en la Orquesta América. Mi papá nunca se conformó con que Jorrín dijera era el creador del chachachá, ni él, ni ninguno que estuvo allí, él pensaba que fueron todos con la idea de Ninón, fíjese si era así que, a pesar que Jorrín era su amigo y compañero de la orquesta Arcaño y lo trajo para la América con Ninón, nunca formó parte de ninguna orquesta que armaba Jorrín.[154]

97

---

153. Chú Díaz, programa *Añoranza*, Radio Clásica 92.3, Miami, Fl. 6 de diciembre 2003.
154. Fernando Sánchez, hijo de Antonio Sánchez Reyes, *Musiquita*, entrevista en su casa de calle Trocadero e/ Galiano y San Nicolás, Centro Habana, 28 marzo 2006.

«La Orquesta América tiene para rato en México. Sus contratos no estipulan menos de seis meses, planean una gira por Suramérica, más tarde darán un salto a Nueva York, donde se encontrarán con su paisano Pérez Prado».[155] Así anunciaba la prensa mexicana.

El maestro Ninón Mondéjar realiza un viaje relámpago a La Habana y Cienfuegos en búsqueda de nuevos músicos, lo cual no fue problema alguno, teniendo en consideración el prestigio del que gozaba entre sus colegas. Enrola, así, al carismático percusionista Julián León y a los hermanos Lozano, Clemente y Rolando.

Y narra Ninón:

> Me enteré que había un flautista muy bueno en Cienfuegos que su hermano tocaba en la charanga Aragón, allá me fui a buscarlo e hice lo mismo que cuando busqué a Jorrín, fui a ver al padre y resulta que el Sr. me convence que si llevaba a uno me tenía que llevar al otro hermano para México y así lo hice, los contraté a los dos, dicen que realicé una novedad con dos flautas, pero si fue así, no fue lo que pensé, salió así sin proponérmelo. Eso fue furor el dúo de flautas, cerró más la orquesta con su sonido... [...] Y con Julián, el tumbador, lo vi en un cabaret, no recuerdo donde (*sic*), haciendo un *show* y me dije ese es el que necesito, bien parecido, bailador y buen tumbador.[156]

A partir del regreso a México, el maestro Félix Reyna, director musical, realizaría los arreglos de todos los temas a dos voces, para las flautas de los Lozanos, prima y segunda, dándole un sonido más cálido al chachachá de la orquesta y su cantante Leo Soto ejecutaría el güiro en sustitución de Gustavo Tamayo. La nueva fórmula orquestal sería bien aceptada por la crítica y los bailadores:

> Reaparece la Orquesta América en el Margo ahora con más músicos. Su nueva modalidad consiste en el dúo de Flautas (*sic*) que tocan los hermanos Lozano, Clemente y Rolando. De Juanito Ramos, el primero que trajo Ninón

---

[155.] Recorte de prensa no identificado D.F. México, marzo del 1955.
[156.] Entrevista realizada por el autor a Ninón Mondéjar en su hogar en febrero del 2004.

de Cuba diremos que la nostalgia invadió su alma y ya no quiso regresar a México, ahora se encuentra un violinista mexicano. Diremos que se oye más bien y seguirá gustando.[157]

Sus actuaciones serían siendo reseñadas por la prensa: «El Club Nocturno Mar y Cel presenta a la verdadera y única Orquesta América de Ninón Mondéjar con su cantante Leo Soto y su bailarín Julián, con las vedettes de moda Chela Arreguín y Olga Villa y el Ballet de Ricardo Luna con Adela, Nina, Cris Olga, Chela y Delia».[158]

Contratados en el balneario de Veracruz, a su regreso sufren un accidente —recordaba Ninón. «Fue tremendo susto, pensamos que allí nos matábamos, llegó la prensa a cubrir el accidente y resultó más la promoción que las consecuencias, pero seguimos camino a México».

«Regresó de Veracruz la Orquesta América cuya fama ha transcurrido al interior de la República. Y es que independientemente,

---

[157.] Recorte de prensa no identificado D.F México, marzo del 1955.
[158.] Recorte de prensa no identificado D.F México, marzo del 1955, nota de promoción El Club Nocturno Mar y Cel.

de su éxito como promotor del Chachachá en nuestro país, Mondéjar es todo un caballero que se ha sabido ganar la simpatía y estimación de cuantos le conocen».[159]

En México siguen dándose noticias de las disputas sobre el chachachá y la competencia entre las casas discográficas, por incluir en su catálogo talentos y sobre todo, mucho chachachá para aumentar las ventas, a causa de esto aparece en la *Revista Novedades* una noticia interesante:

> Mariano Rivera Conde, director artístico de la RCA Victor trae de La Habana treinta (30) chachachás en particular con la Orquesta Jorrín, para hacer competencia a la Orquesta América que graba con Musart y que sus discos están colocados en los primeros lugares de venta. Lo cual se confirma con las presentaciones de la Orquesta América en el Margo hace un tiempo. La RCA Victor se decide a lanzar estos 30 temas después del éxito de «Yo sabía que un día» y «Rico vacilón».[160]

Los delegados de la RCA Victor de México y Cuba coordinan la contratación de la orquesta Enrique Jorrín y la promoción de sus grabaciones, con el lema comercial de «Creador del chachachá y los danzones cantados»,[161] por lo que el Sr. Rivera Conde había viajado a La Habana, como parte de esa campaña de competencia entre casas discográficas, sabiendo de las altas ventas de la casa Musart, que había contratado en México a la orquesta de Ninón Mondéjar, y se suma así, a la Guerra del chachachá, pero la postura del Sr. Rivera Conde no sería mantenida por mucho más tiempo. «La Orquesta América junto a Ninón Sevilla y Olga Guillot actúan en el Cabaret "El Iris" en una gala organizada por el periódico *Última Hora*, como parte del concurso de baile».[162]

Nueva aclaración realiza Ninón Mondéjar a los medios de prensa, esta vez al periodista Alfredo Ruíz del Río, quien plantea de nuevo, su visión ante los reclamos que llegan desde La Habana:

[159.] *Revista de América*, «En el Aire», D.F. México, 10 de marzo del 1955.
[160.] *Revista Novedades*, D.F. México, 19 de marzo 1955.
[161.] Jorge Luis Zamora Martín: *Jorrín*. Ediciones Loynaz, Pinar del Rio, 2012, p. 18.
[162.] Periódico *Última Hora* de México, D.F. México, 20 de marzo de 1955.

Orquesta América en el Margo, México. Fotos: Cortesía de Oney Cumbá

Dice Ninón que en un baile de guajiros escuchó que cuando la animación era mayor, un grupo de parejas al unísono del güiro repetían Chachachá. Ahora en cuanto al origen, aclara Ninón, que las Orquestas (*sic*) cubanas intérpretes de los Danzones (*sic*) eran poco comerciales para los programas de Radio porque el Danzón (*sic*) había veces que con tres o cuatro partes duraba hasta 8 minutos, lo que evitaba al patrocinador de programas repetir anuncio de su producto, así fueron cayendo en desuso, hasta que Mondéjar recortó el Danzón dejando la última parte. De regreso de Veracruz al DF el camión en que viajaba la Orquesta se volcó, el único que no sufrió golpes y heridas fue el cantante Leo Soto.[163]

El popular cantante Pedro Vargas también comparte escenario con la orquesta del momento, La América de Ninón Mondéjar, por ello el 23 de marzo se anunciaba: «En el próximo programa que por TV pasa Pedro Vargas estarán: Olga Guillot, Ninón Sevilla, Boby Capó y la Orquesta América».[164]

Ya finalizando el mes de marzo, la epidemia del nuevo ritmo chachachá se ubicaba en la preferencia del público y eso, debido a la acogida que los mexicanos han realizado: «Las difusoras (radio) y sinfonolas (victrolas) están tocando un 65 % de Chachachá».[165]

---

[163] Alfredo Ruiz del Río, periódico *Universal*, D.F. México, 20 de marzo del 1955.
[164] Recorte de prensa no identificado, D.F México., 23 marzo del 1955.
[165] Recorte de prensa no identificado, D.F México., marzo del 1955.

LA AMÉRICA EN EL CINE MEXICANO

México, México lindo
México, México lindo,
Nunca yo te olvidaré,
Aunque mañana te deje,
Siempre te recorda

Ninón Mondéjar, chachachá / 1956

Llega el disco de Oro para la Orquesta América de Ninón Mondéjar

La Orquesta América de Ninón Mondéjar, desde diciembre de 1954 a marzo del 1955, realiza numerosas grabaciones para la discográfica Musart de México, que incluyó licenciamiento de grabaciones de temas grabados en La Habana con la Panart, entre ellos una veintena de sencillos en 78 RPM, que recogen cuarenta temas de éxito entre los que se destacan en la radio por su *rating*: «No camino más», «Rico vacilón, «La verde palma real» y «Mambo América». Entre los discos que se destacan por su aceptación:

> *Chachachá con la Orquesta América* / M109 -Vol. I (LP306-Panart). Cara A: «La Engañadora», «Constancia», «Nada para Ti», «El Túnel». Cara B: «El Alardoso», «Nunca», «Anna», «Silver Star». *Chachachá con la Orquesta América* / M140 -Vol. II. Cara A: «Me lo dijo Adela», «Me muero», «Que buenas son». *Cara B:* «Rico Vacilón», «Yo sabía que un día», «Rival», «Chiquita» «Ideal», «Yo quiero reír». *Chachachá con la Orquesta América* / M141-Vol. III (LP316-Panart). Cara A: «No Camino más», «Negrito de Sociedad», «Chachareando». *Cara B:* «Cógele bien Compás», *«Orquesta América»*, «Hojas secas», «Clara», «El chachachá de los Cariñosos».[166]

[166.] Musart, *M109; M140* y *M141.*

La prensa continúa destacando las presentaciones de la Orquesta América en México: «Actuación en la Plaza de Toros de México en Fiesta del PRI de la Orquesta América junto a Orquesta Márquez, Mariachi Vargas de Tecalitan».[167] Félix Anguiano, publica una nota en el periódico *Excelsior*: «Hoy es esperada en el Distrito Federal la Orquesta América de Ninón Mondéjar que anda entusiasmando a los Veracruzanos (*sic*). Por allá gusta horrores».[168]

«La noticia de la nominación al *Disco de Oro* resulta motivo de alegría para los integrantes de la América, que viene ganando simpatizantes por sus meritorias actuaciones y lo difundido de su chachachá en los medios de difusión de radio y televisión, sin embargo —comentaba Ninón—[169] pensábamos que difícilmente fuera para nosotros el premio porque en México competir con los músicos nacionales es muy difícil por el sentimiento nacionalista tan grande que tienen ellos, así que ni pensarlo y menos con algunos detractores que teníamos por el tema de la disputa con Jorrín».

Sobre esa nominación la prensa comenta:

> En la 5. Edición de entrega de Discos de Oro de México instituido por la revista especializada *Selecciones Musicales* en 1950. Este año de 1955 el jurado está integrado por: Luis Martínez Serrano, editorial Musical Pham; Mario Álvarez, Editorial Musical Emmi; Amado C. Guzmán, Director Artístico de XEW; Felipe Valdés Leal, Director Artístico de Columbia; Heinz Klincwort, Director Artístico de Peerles; Eduardo Batista, Director Artístico de Musart, Mario Rivera Conde, Director Artístico de RCA Victor y Roberto Ayala, director de la *Revista Selecciones Musicales*. Los denominados en la categoría Conjunto más destacado del año son, La Orquesta América, Mariachi México y Mariachi Vargas.[170]

---

[167] Recorte de prensa no identificado D.F. México, 2 abril del 1955.

[168] Félix Anguiano, periódico *Excelsior México*, D.F., 9 de abril de 1955.

[169] Entrevista realizada por el autor a Ninón Mondéjar en su hogar en febrero del 2004.

[170] *Revista Selecciones Musicales*, D.F. México, miércoles 13 de abril del 1955.

El 16 de abril, se difunde la gran noticia, la casa Musart con la Orquesta América y su ritmo del chachachá se llevan el gato al agua, el gran jurado del premio anual del Disco de Oro, otorga a la orquesta de Ninón Mondéjar el Disco de Oro 1954-1955, en la categoría de conjunto musical, en férrea competencia con los talentos nacionales mexicanos: «Obtienen Disco de Oro 1954, Aceves Mejía, Lola Beltrán, Los Bribones, Trío Avileño, Orquesta América, García Medeles y José Alfredo».[171]

Ninón Mondéjar con su Disco de Oro 1954-55

Haciéndose eco de la calidad y los éxitos obtenidos y con este nuevo premio la *Revista Cine Mundial* resaltaba: «Ninón Sevilla con la Orquesta América, los ritmos del momento, la música que todos tocan y que todos bailan, pero que nadie baila ni toca mejor que ellos».[172]

También, como parte de las celebraciones por el Día Internacional de los Trabajadores en unión solidaria con el Sindicato de Artistas y Músicos en Ciudad México: «Desfila la Orquesta América en el

---

[171] *Revista Novedades*, D.F. México, 16 de abril de 1955.
[172] *Revista Cine Mundial*, D.F. México, 22 de abril del 1955.

Plaza del Zócalo por el 1ro. de Mayo junto a los trabajadores del Sindicato de la Música y el pueblo mexicano».[173]

La nueva temporada en el Cabaret Las Mil y Una noches, ubicado en la céntrica avenida Uruguay nro. 14, anuncia las presentaciones de tres shows: «12, 2 y 4 con la Revista Musical mejor montada en México, el Ritmo (*sic*) de moda con la sensacional Orquesta América de Ninón Mondéjar, con el Ballet de Ricardo Luna, la novia de México Aurora Castillón, Paco Rodríguez, Rita Mayrena y Gloria María. Tres orquestas desde las 10 de la noche».[174]

En el Estadio Nacional de México, se llevó a cabo un gran espectáculo para la premiación de los artistas que obtienen el Disco de Oro 1954 -1955, que otorga el *Magazine* de la Industria Selecciones Musicales (Industria Panamericana del Disco S.A.) Ante más de 80 000 personas realizan la actuación por la entrega del Disco de Oro 1954-55. Integraban la Orquesta América, Ninón Mondéjar (cantante y director general), Félix Reina (director musical y 1. violín); Elizardo Aroche (2. violín); Amelio Gutiérrez (3. violín-mexicano); Alex Sosa (piano); Augusto Barcia (timbal); Clemente y Rolando Lozano (flautas); Leo Soto (cantante y güiro); Julián León (conga y bailarín) y Armando Flores (contrabajo-mexicano). En el trofeo[175] se puede leer: «Orquesta América la más destacada del año. Musart».

Este grandioso acontecimiento tuvo extensa trascendencia, siendo de grata aceptación por todos los medios de prensa, radio, televisión, el sector artístico y pueblo en general, amantes del nuevo ritmo de moda, el chachachá, consolidando su internacionalización hacia otras partes del mundo. Aparecieron titulares y noticias que destacaron: «Recibe disco de Oro Orquesta América. La Orquesta

[173.] *Revista El Músico*, D.F. México, 1ro. de mayo de 1955.
[174.] Periódico *Extra de Noticias*, D.F. México, 2 de mayo de 1955.
[175.] Trofeo. Disco de Oro 1954-1955, Museo Municipal Clotilde García, de los Arabos, Matanzas.

América interpretó varios "Chachachás" (*sic*), antes de recibir su "Disco de Oro" que capturara en los últimos meses del año, explotando maravillosamente el nuevo ritmo tropical».[176]

Ninón Mondéjar y su América en el Estadio Nacional de México

---

[176]. Francisco Lazo, *Revista Esto*, D.F. México, 3 de mayo del 1955.

Orquesta América. El Conjunto (*sic*) *más destacado del año. El Chachachá llegó de Cuba para ser un impacto entre los bailadores mexicanos y fue la Orquesta América, de Ninón Mondéjar, la directa responsable de la popularidad de este ritmo tropical. Unos meses de estancia en nuestro país sirvieron para ganarles el DISCO DE ORO (sic) de* «Selecciones Musicales» como el conjunto orquestal más destacado del año. Ninón Mondéjar y sus muchachos reciben el premio, de manos de Eduardo Baptista, gerente de Panamericana de Discos, para cuya marca grabó la orquesta cubana. La transmisión fue realizada por la Emisora Radio Mil.[177]

ORQUESTA AMERICA
EL CONJUNTO
MAS DESTACADO
DEL AÑO
SELECCIONES MUSICALES.

El cha cha chá llegó de Cuba para ser un impacto entre los bailadores mexicano y fue la Orquesta América, de Ninón Mondéjar la directa responsable de la popularidad de este ritmo tropical. Unos meses de estancia en nuestro país sirvieron para ganarles el preciado DISCO DE ORO de "SELEC-

CIONES MUSICALES: como el conjunto orquestal más destacado del año. Ninón Mondéjar y sus muchachos reciben el premio, de manos de Eduardo Baptista, gerente de Panamericana de Discos para cuya marca grabó la orquesta cubana.

MAYO - 1955

Continúan las presentaciones en el Teatro Margo, esta vez destacándose nuevos talentos: «Actuación en el Margo de la Orquesta América, junto a María Victoria, Mariachis México, Lolita de Carlo, bailarina, Orquesta de Luis Alcaraz, Hermanos Norton, Ballet de Chelo la Rue, Villalón y Celia, Amparito, Pepe Hernández».[178]

[177.] *Revista Selecciones Musicales*, D.F. México, 3 de mayo del 1955, p. 9.
[178.] Periódico *La Prensa*, D.F. México, 6 de mayo del 1955.

Al mismo tiempo que permanecen: «En el Cabaret Las Mil y una noches actúa la Orquesta América junto al Ballet de Ricardo Luna, Aurora Castillón, Paco Rodríguez y Rita Mayrena».[179]

La RCA Víctor reconoce a los verdaderos creadores: La América

El director artístico de RCA Victor en México, Sr. Mario Rivera Conde, después de varios intentos y reconociendo la autenticidad de la América, como creadora del chachachá, influenciado por el otorgamiento del *Disco de Oro* a Ninón y sus muchachos, ofrece a estos un contrato con condiciones mutuamente ventajosas, que al fin es aceptado para Ninón, y que asestan un duro golpe a sus contrincantes y su orquesta en La Habana: «El combativo Rivera Conde se salió con la suya, en un parpadeo de la Musart se "jaló" la América para la RCA Victor».[180] «La Orquesta América se pasó ayer a la RCA Victor. La orquesta elemento decisivo para que se haya

---

179. Recorte de prensa no identificado, D.F. México, 7 de mayo del 1955.
180. Recorte de prensa no identificado, D.F. México, 14 de mayo de 1955.

puesto de moda el ritmo que hoy impera, había estado grabando con la Musart».[181]

MEXICO, D. F.   N—A

Radiópolis   NOVEDADES

La Orquesta América se Pasó Ayer a la RCA Víctor

Por PRISCILIANO

OPTICAS Y ACUSTICAS. En una decisión que a quien primero sorprenderá es a la grabadora Musart, la orquesta América se pasó ayer con todo e instrumentos a la RCA Víctor, para continuar allí las grabaciones de Cha-chachás que han estado popularizando a todo tren y bongó. La orquesta, elemento decisivo para que se haya puesto de moda el ritmo que hoy impera, había estado grabando con la Musart.

Sin pérdida de tiempo, Rivera Conde organiza las primeras grabaciones de su nueva adquisición orquestal, La América, con la particularidad de que son versionados autores mexicanos de su catálogo, y son llevados a chachachá nuevos temas con arreglos musicales del maestro Félix Reina y Alex Sosa, integrantes de la agrupación cubana: «El yucateco Luis Demetrio grabará varios temas con la América, es el autor de «En ti, en ti».[182] El Sr. Rivera Conde resultaría una gran promotor y organizador de importantes presentaciones y un defensor, en los próximos años, de los *«verdaderos creadores del chachachá»*,[183] como él mismo anunciaba ante cada concierto de la orquesta cubana. Ahora se destaca entre los integrantes al compositor y cantante mexicano Luis Demetrio junto al popularísimo Leo Soto.

Medios de prensa destacan: «La Orquesta América cerró con broche de Oro Festival».[184]

[181.] *Revista Novedades,* D.F. México, mayo del 1955.
[182.] Recorte de prensa no identificado, D.F. México, 16 de mayo de 1955.
[183.] Entrevista realizada por el autor a Ninón Mondéjar en su hogar en febrero del 2004.
[184.] Recorte de prensa no identificado D.F. México, 18 de mayo de 1955.

La Orquesta América, creadora de ese nuevo ritmo que todo México baila el Cha-Cha-Chá, cerró con broche de oro el grandioso Festival apareciendo el 18 de mayo en el Cine Metropólitan.

Revista Sindicato de Músicos, mayo 24 de 1955.

«En el 32 Aniversario de la fundación del Sindicato de Trabajadores de la Música actuó la Orquesta América junto a la Orquesta de Agustín Lara, la Orquesta de José Sabré Marroquín, Conjunto Pedro García del Prado con Boby Capó, Conjunto Luis Alcaraz, Conjunto Jorge Hernández, Carmen Amaya, Ballet Chelo la Rué, Miguel Aceves Mejías».[185]

La *Revista Sindicato de Músicos* del 24 de mayo señala: «La Orquesta América, creadores de ese nuevo ritmo que todo México baila, el Chachachá, cerró con broche de Oro el grandioso Festival, organizado el 18 de mayo en el Cine Metropólitan».

Reporta otra publicación: «La mejor Orquesta que ejecuta el Chachachá, la Orquesta América de Ninón Mondéjar, se destaca grandemente León (Julián León, tumbador) cuando baila entusiasta y simpáticamente dicho ritmo. Julián es el tumbador que trajo de La Habana Ninón por Julio Salas».[186]

Al presentar las primeras grabaciones musicales con Rivera Conde, surge una novedad en el mercado: «La Orquesta América demandará a una Cervecera (*sic*) por anunciar su producto con "Rico Vacilón" esto perjudica la venta del disco».[187] «La Orquesta

---

[185] *Revista Novedades*, Teatro Metropólitan, D.F. México, 19 de mayo de 1955.

[186] *Revista Radiolandia*, D.F. México, 19 de mayo de 1955.

[187] *Revista Zócalo*, D.F México, 21 mayo de 1955.

América y el compositor Rosendo Ruíz, intérprete y compositor de "Rico Vacilón" demandan 100 000 dólares a Cervecera por utilizar ilegalmente la canción con fines comerciales, "Rico Vacilón" fueron de los primeros Chachachás grabados con la firma RCA Victor».[188]

Y es que cada tema grabado por la Orquesta América y todo cuanto realizan, es seguido con mucha insistencia por la prensa y es parte de la campaña promocional, rediseñada por la RCA Victor y su director artístico Rivera Conde: «La Orquesta América grabará "No nos referimos a nadie", de Julio Cárdenas».[189] «Ya salió el primer disco RCA Victor de la Orquesta América, tiene dos Chachachás, "Los Marcianos" y "México, México lindo"».[190]«El single 70-9623 con "México, México lindo", chachachá de Ninón Mondéjar y "Los Marcianos", de Rosendo Ruiz, son los que inician el contrato de la Orquesta América con la RCA Victor, ambos tienen con qué imponerse aprovechando la racha de ese ritmo que aún no tiene fin».[191]

México, México lindo[192]
Autor: Ninón Mondéjar
Género: Chachachá

México, México lindo,
Nunca yo te olvidaré,
Aunque mañana te deje,
Siempre te recordaré.

Cuando me retire ya,
Te lloraré como un niño,
Y en pago de tu cariño,
Te dejo mi Chachachá.

México, México lindo,
Nunca yo te olvidaré,
Aunque mañana te deje,

[188.] Periódico *Excelsior*, D.F. México, 19 de mayo de 1955.
[189.] *Revista Ovaciones*, D.F. México., 20 de mayo de 1955.
[190.] Ramón Inclán, «La afición en Radio y TV», 27 mayo del 1955.
[191.] *Revista Melodías Mexicanas*, D.F. México, junio de 1955.
[192.] Ninón Mondéjar. «México, México lindo», chachachá. RCA Victor 70-9623 (M-095119) 78 RPM - Sello A & B

Siempre te recordaré.

México tú y Cuba son,
Como dos buenos hermanos,
Y yo como buen cubano,
Te canto de corazón.
México, México lindo,
Nunca yo te olvidaré,
Aunque mañana te deje,
Siempre te recordaré.

Ninón Mondéjar y su América en la XEW-TV y XEW-Radio (programa de Bacardí), 31 de mayo de 1955.

113

La *vedette* cubana Ninón Sevilla consolida su apadrinamiento a la América, a partir de los éxitos alcanzados por la orquesta, de los cuales ella forma parte, y con su vínculo al cine mexicano, razón principal por la que estimuló a Mondéjar a venir a tierras aztecas, hace notar su adhesión al nuevo ritmo cubano: «Ninón Sevilla nuevamente en un teatro, ya estudia Chachachá. Ella fue la que trajo a México a la Orquesta América».[193] Y: «Nuevamente se presenta la Orquesta América junto a la bailarina Margo en la

[193.] Recorte de prensa no identificado D.F. México., 23 de mayo de 1955.

xew-tv y xew-Radio (programa de Bacardí), donde por su especial actuación tendrán que cumplir cuatro presentaciones más en esa serie televisiva».[194] «Pronto en el Teatro Margo, nuevamente, Ninón Sevilla y la Orquesta América».[195]

Ninón Mondéjar y la Orquesta América en la XEW-TV y XEW-Radio, 31 de mayo de 1955

Finalizando el mes de mayo, la relación de La América con la RCA Víctor se consolida como una unión estratégica firme y de buenas perspectivas, los primeros productos discográficos van obteniendo los lugares preferentes de las escalas de éxitos en las radio emisoras y en las ventas de los fonogramas, a partir de estos momentos el maestro Félix Reina, no solo realiza extraordinarios arreglos musicales, sino también crea muchas de sus exitosas obras de chachachá, por ello se puede ver destacado: «La Orquesta América de Ninón Mondéjar con su singler 10255, tocan chachachás con gran influencia de ellos mismos en los temas "Ay Lupita" de Félix Reina y "Ay, Ay, Ay", de Luis Demetrio que son muy buenos».[196] Y: «Cada vez que sale a la venta un disco de Chachachá de la Orquesta América lo primero

[194.] Sergio Lobos Ramos, periódico *El Universal de México*, D.F. México. 31 de mayo de 1955.
[195.] Periódico *El Universal de México*, D.F. México, 2 de junio de 1955.
[196.] *Revista Melodías Mexicanas*, D.F. México, mayo del 1955.

que hacen (sic) el Trío Avileño es grabarlo nuevamente, este ha sido el éxito de los Avileños pues cuando se agotan los de la América se venden los de ellos. Eso se llama "Pachuquear discos"».[197]

La América irrumpe en el cine mexicano

La furia desatada por los éxitos en las actuaciones y los fonogramas, a los que la crítica aludía como «*La Orquesta América en los discos suena bien y aún más en vivo*», llama la atención de los directores de cine y sus casas patrocinadoras mexicanas, es la «época de oro del cine» y nadie quiere perderse el momento de la explosión del chachachá, así contratan, para varias películas, a la Orquesta América de Ninón Mondéjar, la primera fue: «*Música de Noche,* película que empieza a filmar el 23 de junio entre los que están La Orquesta América, Tongolele, Boby Capó, Pedro Vargas, Lola Beltrán, etc.».[198]

Al chachachá nadie se resiste, ha escalado un lugar especial en todos los lugares y públicos, por ello se puede ver referenciado: «La Orquesta América se presentará en el Palacio Versalles, el Chachachá se aristocratiza».[199]

[197.] Raúl Segura, *Revista Zócalo*, D.F. México, 2 de junio de 1955.
[198.] *Revista Cine Mundial*, D.F. México, 28 de mayo de 1955.
[199.] Félix Anguiano, *Extra-Televisando*, 30 de mayo 1955.

Debido a su formación revolucionaria, Ninón Mondéjar, plenamente identificado con Fidel Castro Ruz y su movimiento del 26 de julio hace una contribución en apoyo a sus compatriotas. Por ello: «Realizan dos bailes, en México, para recaudar fondos para el 6. Festival de la Juventud y Los Estudiantes de Moscú 1955 organizados por Ninón Mondéjar, Leonel Soto, Max Martín y Flavio Bravo».[200] A estos jóvenes dirigentes revolucionarios lo unía una entrañable amistad, que tendría larga historia hasta su muerte.

Nuevas reacciones provocan los éxitos de La América y la afiliación de Mondéjar con causas justas y revolucionarias en territorio mexicano por ello: «Mondéjar fue atacado por la prensa habanera y los mexicanos le defienden. Ninón nunca ha renegado de Cuba».[201]

Efectúan también otras presentaciones: «En el Teatro Margo actuaciones especiales junto a Luis Arcaraz y su orquesta, Las tres preciosas Hnas. Julián, El gran Borolas, Hnos. Norton, El Chirrión, Rulito, Pepe Hernández, Amparito y Castro y más de 50 artistas, destacándose que se realizan 3 funciones los Domingos».[202]

La aparición de los nuevos discos con la RCA Victor, después de varias jornadas de grabaciones, no se hace esperar: «Sale el primer disco de la Orquesta América con la RCA Victor con los Chachachás: "Los Marcianos" de Rosendo Ruíz y "México, México lindo" de Ninón Mondéjar».[203] «A la venta el disco, single, 70-9635. "Estoy en el cielo", Chachachá (*sic*) de Ninón Mondéjar y "Yo sé que tendrá", chachachá de Luis Demetrio. Los discos de la Orquesta América siguen gustando en las interpretaciones del ritmo de boga».[204] «"En ti, en ti" la más popular en La Habana, bolero de Luis Demetrio en tiempo de Chachachá (*sic*), grabado por la Orquesta América para la RCA Victor alcanza gran venta en Cuba y comenta la prensa de La Habana que es de las pocas melodías tocadas en ese ritmo que tiene sentido y belleza poética».[205]

116

---

200. Recorte de prensa no identificado, D.F. México, Junio de 1955.
201. *Revista Redondel*, D.F. México, 5 de junio de 1955.
202. Recorte de prensa no identificado D.F. México, Junio de 1955.
203. Recorte de prensa no identificado D.F. México, 5 de junio de 1955.
204. *Revista Melodías Mexicanas*, México D.F., 5 de junio de 1955.
205. Periódico *Excelsior*, México D.F., 8 de junio de 1955.

Sobre la película *Las viudas del chachachá* comenta la prensa:

Las Viudas del Chachachá, el director Galindo inicia sus
filmaciones en los Estudios Tepeyac en ciudad México:
Filme **«Las Viudas del Chachachá»** (*sic*) con los papeles
protagónicos de Amelia Aguilar, Raúl Martínez y Patricia
Nieto, dirigida por Miguel A. Delgado para Chapultepec
Films con la Orquesta América. La película «Las viudas
del Chachachá» Una revolución de gracia y picardía
en una electrizante comedia musical, que cuenta con
Amalia Aguilar; Chula Prieto; Raúl Martínez; Andrés
Soler y la Orquesta América.[206]

En la sinopsis se describe el argumento de esta película:

El cantante y director de orquesta Alberto y su apoderado
Servando viajan con dos amigas, pero su auto se
descompone. Un agente de tránsito avisa a Chayo y
Laura, las esposas de ellos, que han muerto con sus
acompañantes, pero ellos sólo están maltrechos pues dos
cómplices de sus amigas los asaltaron. Raúl, el dueño del

---

206. *Revista Cine Mundial*, D.F. México, 10 de junio de 1955.

cabaret, decide substituir a los muertos con Chayo como directora y Laura como bailarina, a quienes llama «Las viudas del Chachachá» (*sic*). Al ver vivos a sus maridos ellas los ignoran y ellos dejan su casa. Ellas tienen que devolver el dinero de los seguros. Los hombres van al debut de sus mujeres disfrazados de rusos con dos amigas y Alberto canta por televisión a Chayo.[207]

Aceptado en grado especial disco y como parte de la película, se difunde, el bello chachachá:

A Veracruz me voy [208]

Autor: Ninón Mondéjar
Género: Cha cha chá

A Veracruz yo me voy,
Que los veracruzanos son todo corazón,
A Veracruz yo me voy,
Que los veracruzanos son todo corazón. (A coro)

Te abarren los brazos y el corazón,
Te brindan todo con grato anhelo,
Tal me parece que estoy en el cielo,
Cuando a Veracruz yo voy.

A Veracruz yo me voy,
Que los veracruzanos son todo corazón,
A Veracruz yo me voy,
Que los veracruzanos son todo corazón. (A coro)

Hermosas playas llenas de sol,
Verdes palmeras por todos lares,
Y sus mujeres son ejemplares,

118

---

[207] Ficha Técnica: *Las viudas del chachachá*, Biblioteca UNAM, D.F. México, septiembre, 2003.
[208] Ninón Mondéjar. «A Veracruz me voy», Orquesta América, RCA Victor, México, *Los Reyes del Cha-cha-chá* Vol. 1 / *Pa' que lo bailen todos* - *BMG Music Tropical Series* (México, Julio 12, 1955), canta Leo Soto.

Para Veracruz me voy.

A Veracruz yo me voy,
Que los veracruzanos son todo corazón,
A Veracruz yo me voy,
Que los veracruzanos son todo corazón. (A coro)

La llegada del maestro Enrique Jorrín a ciudad México, sin su anunciada orquesta, atrae la atención de una parte de la prensa al arremeter contra La Orquesta América, debido a su inconformidad con el apoyo de Rivera Conde, cuando contrata a Ninón Mondéjar en la RCA Victor, pero como resultado lamentable para Jorrín, sus declaraciones no fueron atendidas de la manera que esperaba:

«Ninón Mondéjar, el inventor del ritmo chachachá y director de la Orquesta América, especializada en ese ritmo, es acusado de plagio por un tal Enrique Jorrín que llegó de Cuba, sólo (*sic*) para eso, enterado del éxito que aquí está teniendo el Chachachá».[209]

Ante esta, nueva, acusación a Ninón Mondéjar, medios de prensa locales, que vienen siguiendo el desarrollo de la «guerra del chachachá» y la trayectoria de su orquesta, desde su llegada, y las simpatías conquistadas por los cubanos de la Orquesta América, comentan:

«Con qué chiflo, si estoy chimuelo» frase inolvidable del también inolvidable Ninón Mondéjar creador del chachachá, al ser requerido para un enésimo sablazo por parte de un seudoperiodista. Este Ninón es todo un caso de bohemio y bonhomía, sucede que el hombre, a pesar de ser el organizador y director del conjunto, cobra exactamente igual que todos sus mismos compañeros, le han indicado que debe ganar más, pero él —rara avis— se niega rotundamente. Alega, como buen cubano, que todos trabajamos igual. Este, vean, gesto es digno de admiración, pero para este que escribe, raya en la tontería. Allá él...[210]

209. José Carbó, periódico *El Popular*, D.F. México., 12 de junio de 1955.
210. *Revista El Redondel*, D.F. México, 12 de junio de 1955.

Ahora bajo el titular, «*Responde Ninón Mondéjar a Enrique Jorrín*», el periodista Alfredo Ruiz del Río, del importantísimo diario mexicano *El Universal*, entrevista a Ninón por estas nuevas declaraciones de Jorrín y de algunos medios de La Habana en su contra, exponiendo:

> Con respecto a las declaraciones que hizo durante su estancia en México E. Jorrín, que se atribuye la paternidad del Chachachá, Ninón Mondéjar, director de la Orquesta América y a quien se conoce en México como el creador del sabroso ritmo tropical, nos habló de esta manera: «Desgraciadamente estaba yo enfermo cuando el señor Jorrín permaneció aquí, porque de lo contrario con gusto hubiera exhibido las pruebas que tengo en mi poder que echan por tierra algunas de sus aseveraciones. En primer término hablaré de tres de las composiciones de Jorrín que trata de hacer aparecer como Chachachá y que con puño y letra del citado músico dicen: "La Engañadora" Mambo-Rumba; "Silver Star" Danzón; "El Alardoso" Bolero-Mambo»— y sigue hablando Mondéjar—: «La Orquesta América que dirijo desde su fundación tiene doce años de estar trabajando y en ella admití al citado E. Jorrín como violinista, habiéndolo despedido el mes de Octubre (*sic*), porque subrepticiamente vino a México y grabó varios números haciéndose pasar como el creador del Chachachá». Ninón Mondéjar nos habla del discutido ritmo, reafirmando lo que hace tiempo nos declaró con referencia al nacimiento tanto de la modalidad como el nombre y haciéndose notar que la firma para la que Jorrín grabó el año pasado los Chachachás ha quitado de sus nuevas impresiones, la frase de «creador del Chachachá» a E. Jorrín; con lo que tácitamente desconoce la paternidad de este músico hacia el contagioso ritmo... Yo ayudé a Jorrín como músico porque adquirió nombre siendo miembro de mi Orquesta América... Yo ayudé a Jorrín como compositor, porque a través de mis grabaciones se hicieron populares algunas de sus canciones». Y como si

esto fuera poco Ninón Mondéjar conserva documentos que hablan mucho en su favor.[211]

Sin tiempo para detenerse en las disputas por el ritmo de moda, la América continúa su arrollador paso, las noticias sobre los nuevos éxitos, conciertos y grabaciones siguen ocupando los primeros titulares y en las emisoras radiales, todas prefieren al chachachá y a la orquesta cubana de Ninón Mondéjar.

> «Nuevo disco de larga duración con 8 temas, los chachachás más gustados en México: "En ti, en ti" y "Prefiero Soñar", de Luis Demetrio; "Dámelo", de Julio Cárdenas; "El Túnel", "Rico Vacilón", "Muñeca Triste", "Yo sabía que un día" y otro sin título todavía. Con la RCA Víctor».[212]
>
> «Orquesta América actúa en Jornada Benéfica para recaudar fondos para la adquisición de vacunas Salk para los niños, durará 14 horas y será transmitido por el Canal 5».[213]
>
> «Que la América ha tenido que rechazar varios contratos de Venezuela, significan muchos dólares por no querer marcharse de México».[214]
>
> «El verdadero nombre de Ninón Mondéjar es Anacario, pero desde los 10 años se le conoce como *Ninón* y de eso ya va casi medio siglo».[215]
>
> «"Los Marcianos", "Qué tendrá" y "Para que recuerdes", son los tres temas que acaba de grabar la Orquesta América, "Para que recuerdes" es de Alex Sosa el pianista del grupo».[216]

La confirmación de varios contratos para la filmación de películas, con la Orquesta América, como parte de los elencos artísticos, son firmados por Ninón Mondéjar, de esto se hace constar con

[211.] Alfredo Ruiz del Río, periódico *El Universal*, D.F. México, 13 de junio de 1955.
[212.] Recorte de prensa no identificado, D.F. México,14 de junio del 1955.
[213.] *Revista Novedades*, 15 de junio de 1955.
[214.] Félix Anguiano «Televisando», periódico *Excelsior*, D.F. México, 16 de junio de 1955.
[215.] Periódico *Excelsior*, D.F. México, 20 de junio de 1955.
[216.] Periódico *El Universal*, D.F. México, 21 de junio de 1955.

los anuncios de la prensa: «Orquesta América ha firmado para tres películas que se harán casi al mismo tiempo: *Las Viudas del Chachachá*, para Galindo con Amalia Aguilar, otra para Calderón Film y otra para Sergio Koongan aun (*sic*) sin título todavía».[217] Y: «El actor y director cinematográfico Emilio Tuero hará una película ("Música de Siempre") basada en los Discos de Oro en el reparto figuran: Los Bribones, Trío Avileño, José Alfredo Jiménez, Miguel Aceves Mejías, Lola Beltrán y la Orquesta América. (Con el cuarteto Los hermanos Reyes)».[218]

A finales del mes de junio y principios de julio, la América es contratada para realizar presentaciones en el balneario de Acapulco, donde vienen siendo aclamados desde hace varias semanas, por ello: «La Orquesta América de Ninón Mondéjar se marcha a Acapulco».[219] Destacándose que: «La América actúa en el Bum-Bum de Acapulco con su contagioso ritmo Chachachá».[220]

[217.] Félix Anguiano en *Revista Extra Televisando*, D.F. México ,22 de junio de 1955.
[218.] Periódico *Excelsior*, D.F. México, 26 de junio de 1955.
[219.] *Revista Extra Televisando*, D.F. México, 27 de junio de 1955.
[220.] Recorte de prensa no identificado, D.F. México, 2 de julio del 1955.

A golpes de chachachá en el ring de los bailadores

El periódico *Última Noticia* en su edición semanal del lunes 27 junio titulaba un artículo, «*Mondéjar ganó otro Round a Jorrín en la Victor de México*». La Orquesta América figurará en sus discos como la «creadora del chachachá». Al menos, en la RCA Victor de México, la disputa sobre la paternidad del chachachá ya tiene un vencedor: Ninón Mondéjar. La RCA Victor, por conducto de su director artístico, Sr. Rivera Conde, ha decidido imprimir los discos de la Orquesta América de Ninón Mondéjar, con el subtítulo «Creadores del Chachachá». Y ese título se lo adjudicó a E. Jorrín., el otro músico cubano que tenía las pretensiones de paternidad sobre el endiablado ritmo. Antes de llegar la Orquesta América a México, el mes de noviembre del pasado año, E. Jorrín hizo un viaje a escondidas de su orquesta, hasta aquí, y firmó contrato con la RCA Victor para que se le reconociese discos con ese título. La RCA Victor fue sorprendida en su buena fe y así lo hizo. «Pero ya con la Orquesta América aquí, y después de varias gestiones, Rivera Conde se convenció de que el Chachachá no fue invención de Jorrín, sino de toda la Orquesta América, siendo su director Mondéjar el que le dio, al ritmo particular que la Orquesta tocaba, el nombre de Chachachá».[221]

Resalta la prensa que:

> La Sra. Blanca Soto, celebra su cumpleaños, con una fiesta sorpresa, que le realizaran los integrantes de la orquesta, reunidos todos y con suficientes motivos para celebrar los éxitos y agasajar a la compañera inseparable de Ninón y albacea de la historia de La América. Esta madrugada la Orquesta América llevó «Gallo» a la esposa de Ninón por su cumpleaños a puro Chachachá.[222]

Y como si fuera poco, para echar más leña al fuego, se suma a esta «guerra por la paternidad del Chachachá» una nueva personalidad de la música cubana, es tanto el éxito de La América que muchos quieren adjudicarse la creación del ritmo que a todos arrebata:

---

221. Semanario *Últimas Noticias*, D.F. México, 27 de junio de 1955.
222. Periódico *Extra de Noticias*, D.F. México, 1ro. de Julio de 1955.

¡Desvirtúa el Chachachá, pero es muy buena! La deliciosa compositora cubana, Isolina Carrillo autora de Dos Gardenias y su Trío Sepia, se hallan actualmente en Buenos Aires. Su éxito es grande, hondo, grato. Cuco Conde enamorado del Chachachá, ritmo original, lamentó que Isolina Carrillo se presente en nuestro país como «la creadora del Chachachá» lo cual a mi leal saber y entender, es inexacta, entiendo que los creadores de ese ritmo son precisamente los integrantes de la Orquesta América — tanto que el conjunto que triunfalmente actúa en México, como el que, aclarando, trabaja en La Habana—, y mucho me agradaría conocer la autorizada opinión de un cubano, como nuestro compañero Cuco Cande. Pero hay algo más que lamento, Isolina Carrillo, desvirtúa el Chachachá, no sé por qué… le da velocidad de la guaracha y de la conga; y por tanto, deja de ser el tiempo que se anuncia y ni con mucho el ritmo que me perdió en Cubita, *la Bella*. Pero salvadas esas consideraciones puramente académicas, afirmo que el triunfo de la Isolina Carrillo es sencillamente «a lo grande».[223]

124

«La película *Música*, de Alianza Cinematográfica, en color y cinemascopio, indudablemente la película de más ambicioso reparto; Comienza el día 11 a rodar con la Orquesta América, Boby Capó, Pedro Vargas, María Victoria, Lola Beltrán; Miguel Aceves Mejías y otros».[224]

La *Revista Melodías Musicales* de México, en su edición del 5 de Julio de 1955, difunde la relación de los discos más vendidos (Sinfonoleros):

«Mi último fracaso» / Alfredo Gil / Los Tres Ases.
«Muñeca Triste» / *Chacha chá* / *Félix Reina* / *Hermanos Reyes*.
«Convénceme» / *Bolero* / *José de Jesús Morales* / *Los Bribones*.
«Confesión» / *Bolero* / *José Alivier* / *Luis Alcaraz*.
«La del reboso blanco» / *Guapango* / *Fuentes y Cárdenas* / *Miguel Aceves Mejías*.

[223.] Carmelo Santiago, «Casos y Cosas», *Periódico Dominical El Redondel*, 3 de julio de 1955.
[224.] José Carmelo, *El Popular*. D.F. México, 3 de julio de 1955.

«Un Mundo raro» / *Vals* / *José Alfredo Jiménez* / *Pedro Vargas*.
«Los Marcianos» / *Chachachá* / *Rosendo Ruíz* / *Orquesta América*.
«Imploración» / *Bolero* / *Mario Camacho* / *Chelo Silva*.
«Su último deseo» / *Guapango* / *Hnos. Cantoral* / *Pedro Infante*.
«Mister Sandan» / Fox-Bat / Ballard / Hnos Navarro.

Debido a las tensiones por el debate sobre la paternidad del cha-chachá que aún sigue presente, Ninón aplaza presentaciones fuera de Ciudad México, previendo que su ausencia fuese ser tomada como temor a enfrentar el debate, y que se posesionen Jorrín y su orquesta en ese mercado, como ya había sucedido en La Habana con su partida a México. «La Orquesta América prolongará ese tancia en la Capital. Debido a la Obtención del Disco de Oro y al sonado pleito de Ninón-Jorrín, aumenta el interés del público por escucharlos. Aumentan contratos en el D.F. por lo que se aplazan las giras por provincias».[225] «La noticia de tal decisión queda confirmada por la *Revista Cine Mundial*: Actuación de la Orquesta América en México».[226]

La *Revista Novedades* informa que: «En el tercer lugar de la popularidad *Los Marcianos* por la Orquesta América y en el cuarto lugar *Muñeca Triste*, de Félix Reina por los Hnos. Reyes».[227]

Al renovar nuevos contratos Ninón vuelve al teatro que le había dado la bienvenida, a su llegada meses atrás: «Orquesta América nuevamente en el Margo, sustituye a la Orquesta de Alcaraz».[228] Asimismo: «Continúa su presencia en la difusión radial, donde: Orquesta América y las Hermanas Huerta actúan en el feudo de Beto Borney, donde se volverá a trasmitir el programa "Olas, mar y estrellas", llevando por cronista a Lotario Coli».[229]

La *Revista de América*, anuncia, por error, que: «La Orquesta América de Ninón Mondéjar grabará LP para Musart con ocho temas del Chachachá, tres de Luis Demetrio y dos de Julio Cárdenas Reza».[230] Esta noticia, es posible que se refiriera a la Orquesta América del 55, que había sido organizada en La Habana por ex músicos

---

225. *Revista Cine Mundial*, D.F. México., 7 de Julio de 1955.
226. *Revista Cine Mundial*, D.F. México, 10 de Julio de 1955.
227. Severo Miró, *Revista Novedades*. Tocadiscos. 7 de Julio de 1955.
228. *Extras de Noticias*, D.F. México, 8 de Julio de 1955.
229. José Miravalles, *Revista Novedades*, Acapulco. 12 de Julio de 1955.
230. GOH: «En el aire», *Revista de América*, D.F. México, 9 de Julio de 1955.

de Ninón Mondéjar, pues la verdadera América permanecía en el catálogo de la RCA Victor con Rivera Conde en México. Utilizar el emblema de La América tiene la intención de aprovecharse de los éxitos y la difusión obtenidos por Mondéjar y sus muchachos, lo que constituía otro intento de opacar los méritos del maestro Ninón Mondéjar, pero su voluntad y sentido de justicia no se verían disminuidos, seguiría resistiendo todos los ataques en su contra. Los contratos para su orquesta lejos de afectarse y disminuir, aumentan, vemos así que el celuloide le sigue reclamando, ahora con nuevas propuestas. «Hoy comienza Tito Davison en los estudios Tepeyac, el rodaje de *Música en la Noche,* de la Cinematográfica Alianza».[231] Y la inclusión de: «Pedro Calderón, productor de la cinta *Club de señoritas* que trata sobre los problemas en nuestro país enfrenta en la actualidad, pero de forma simpática y amable sobre el voto femenino. Gilberto Martínez Solares (Megáfono), Raúl Martínez Solares (Fotografía), actores: Vitola y Pardavé (cómicos), Borolas, Jasso, Pepe Hernández, Oscar Pulido, Orquesta América. Ninón Sevilla y Ramón Gay en los Protagónicos (*sic*)».[232]

126   Haciendo referencia promocional y en defensa de Mondéjar, vuelven a la programación de otro populoso local: «Actúa la América en *Las Mil y una Noches*».[233] «Orquesta América actúa en *Las Mil y una Noches,* la única y verdadera con su cantante Leo Soto, junto a Amelia Cristerma, el dúo Vicky Villa y Chela Arreguín; la pareja de baile Olga Villa y Ricardo Luna».[234]

El Palacio de Bellas Artes se viste de largo con la presencia de Ninón y sus muchachos, cuando: «Actúan en el Palacio de Bellas Artes la Orquesta América en la presentación de la Película (*sic*) *Qué lindo Chachachá* (Con Ninón Sevilla y la Orquesta América, entre otros)».[235]

La pintoresca ciudad de Pachuca solicita a la América, allá viajó por vez primera. «Orquesta América actuará el domingo en Pachuca, Hidalgo, junto al TríoTariacurí y el dueto Los Bribones».[236]

[231.] Roberto Cantú Robert, *Revista Novedades,* 13 de julio de 1955.

[232.] Félix Anguiano, *Extra de Noticias,* D.F. México, 14 de julio de 1955.

[233.] Recorte de prensa no identificado, D.F. México, 16 de julio de 1955.

[234.] *Extra de Noticias,* D.F. México, 14 y 15 de julio de 1955.

[235.] Periódico *El Fígaro,* D.F. México, 17 de julio de 1955.

[236.] Prisciliano, *Revista Novedades,* Radiopolis, D.F México., 20 de julio de 1955.

Ninón Sevilla y la Orquesta América en la película Que lindo Chachachá, *1955*

La idea de aplazar presentaciones en otros estados de la República Mexicana se ve alterada, debido a la gran cantidad de solicitudes que ha despertado en esa nación la orquesta, a consecuencia de la disputa avivada entre Jorrín y Ninón, por ello se anunciaba: «El 1ro. de agosto en Acapulco la Orquesta América».[237] Y: «Orquesta América llegará a Acapulco el 1 (*sic*) de agosto. Después partirá de gira, alrededor de un mes, por provincias del país, ganarán aproximadamente 5 000 pesos mexicanos diarios. Durará 60 días».[238]

En respuesta a las declaraciones de Enrique Jorrín cuando intentaba frenar el éxito de la Orquesta América en México, la *Revista Bohemia*, publica una entrevista que le hiciera el periodista Luis A. Vicente, a Ninón Mondéjar, bajo el título: «Guerra del CHACHACHÁ en el corazón de México». «… Jorrín nos traicionó apropiándose de lo que es de todos. Enrique Jorrín es un traidor y un ingrato».[239] Y explica Mondéjar:

El chachachá no es obra mía, ni lo es de Jorrín, ni es de nadie en particular. Toda la Orquesta América dio con el

[237] Recorte de prensa no identificado, D.F. México, 24 de Julio de 1955.

[238] Periódico *Excelsior*, D.F. México, 21 de Julio de 1955.

[239] Luis A. Vicente, «Guerra del chachachá en el corazón de México», *Revista Bohemia*, La Habana, Cuba, Año 45- nro. 30. 24-07-1955, pp. 12, 13, 122 y 123.

chachachá hacia 1950, cuando habíamos tocado miles de danzones con un ritmo especial. El final de esos danzones lo marcaba el timbal, picado y repetido, con esos tres tiempos únicos que ahora se conocen por chachachá. Eso era lo que decían claramente el güiro, la tumba y el timbal… cha… cha… cha… cuando terminábamos el danzón. Entonces empezamos a prolongar estos finales, porque la gente gustaba de bailar a ese ritmo… Y por último ya tocábamos puros finales de danzones. Nadie invento, por tanto, el chachachá. Fuimos todos los de la Orquesta América en conjunto…Pero todavía no tenía nombre, ni habíamos hecho nada en serio. En 1951 a mí y no a Enrique Jorrín, se me ocurrió el nombre de chachachá, al oír tanto el ritmo de los timbales… Eso era justamente lo que se oía. Y cayó bien, y empezamos a presentar nuestros números con ese nombre. Después en 1953, grabamos los primeros discos en la Panart como chachachá, pero fíjese bien, en 1953, no antes. Creo que el primero fue «Yo no camino más», que lo tocábamos desde 1952. Y también «Yo sabía» de Antonio Sánchez, y «Triste muñeca» de Félix Reina. Después de esto ya hubo muchos compositores que hicieron canciones con ese ritmo. Pero después de esto, fíjese bien… Mire este recorte… es de *Gente* de mayo de 1954. Aquí apareció por ver primera ese nombre.[240]

En la larga entrevista realizada por Luis A. Vicente a Mondéjar, se le pide su opinión sobre las acusaciones, más recientes, sobre su persona, a la que responde:

Me acusan ahora en Cuba de que yo he dicho algunas cosas desfavorables de los músicos de mi tierra. No es verdad. No solo no he dicho nada, sino que la mejor prueba está en la composición actual de mi orquesta. Nueve cubanos y dos mexicanos. Le preguntamos ahora a Ninón sobre lo que va a hacer cuando llegue aquí Jorrín con su orquesta y se presente como padre del chachachá.

240. Luis A. Vicente, *Ibid.*

No voy a hacer nada. El público mismo es el que tiene que decidir. Hemos triunfado y seguiremos triunfando. Ahora vamos a lanzar un nuevo chachachá, este de Félix Reina que estoy seguro que será un "hit". Se trata de «Dos angelitos» que se unirá a los éxitos obtenidos por nuestra orquesta en Cuba y en México después de salir Jorrín. Recuerde «El rico vacilón», «Triste Muñeca», «En ti, en ti», «Clava tu clavo, zapatero», y tantos más. Lo tocamos todos, y Félix Reina o Alejandro Sosa hacen los arreglos. Exactamente igual que hacía Jorrín. Pero con la diferencia que Reina y Sosa son buenas personas y nunca nos harán una jugada tan desleal como la de ese Señor.[241]

Desde La Habana no se hace esperar la respuesta al reportaje de Luis. A. Vicente que realizara a Ninón Mondéjar una semana antes, apareciendo el titular: «Guerra de CHACHACHÁ en México y en La Habana», del periodista Don Galaor, donde se destaca: «MONDÉJAR

---

241. Luis A. Vicente. *Ibid.*

ME ACUSA DE INGRATO, porque no le permito explotar MI MÚSICA»
—afirma Enrique Jorrín.[242]

Este extenso reportaje, cuestiona de manera incisiva la capacidad creadora de Ninón Mondéjar y su rol en la conformación del ritmo chachachá, por ser músico autodidacta y no de atril, a lo que Don Galaor comenta:

Cuantos conocen a Enrique Jorrín como autor de música popular, como creador del ritmo chachachá y como persona, han temblado de indignación al leer las declaraciones despectivas y poco afortunadas de Ninón Mondéjar. Que no se llama Ninón sino Anacario. […] Mondéjar era panadero cuando fundó la orquesta América, y le rogó a Jorrín que se la dirigiera, porque ni música sabía.[243]

---

242. Don Galaor, «Guerra del chachachá en México y La Habana», *Revista Bohemia,* año 45, nro. 31. 31-07-1955, pp. 56, 57, 83 y 84, La Habana.

243. Don Galaor. *Ibid.*

El maestro Enrique Jorrín, expone con amplitiud su visión sobre el conflicto, y en particular insiste en asegurar su creación, entre estos elementos resalta:

> Como primer dato le diré que este señor Mondéjar no sabe música. En su carnet del Sindicato no consta que sea músico técnico. [...] Como es lógico para ser músico hace falta tener vocación o haber estudiado. Y este señor no tiene, como se deduce fácilmente, ni vocación, ni estudios. [...] Un día me dijo el propio Mondéjar: «Oye Jorrín, viejo, ¿por qué no diriges tú la orquesta? A mí no me conoce nadie, y tú puedes hacerla sonar mejor». Por ese tiempo —sigue recordando Jorrín— el señor Mondéjar tocaba el güiro en la orquesta. Yo, como hacía falta ajuste, me vi en la necesidad de quitarlo de güirista porque se atravesaba con el ritmo. Entonces pasó a reforzar el coro, porque si cantaba solo se atravesaba también. ¿Qué resultó entonces? Pues resultó que el señor Mondéjar lucía desairado parado en medio del conjunto sin hacer nada. Sin tocar ningún instrumento. Sin siquiera atreverse a abrir la boca. Para darle alguna personalidad, dada la pena que nos daba verlo en semejante situación, permití que se dijera «director» de la orquesta, pese a que yo seguía dirigiéndola como siempre. [...] Algo le hace reír. Y en efecto, debe ser lo de la paternidad del chachachá, porque enseguida, sin dejar de reír, exclama: «*¡Cualquier orquesta, llámese "América", llámese "Arcaño" o "Arcaraz", que hubiese estado interpretando mi música, hubiera sido el vehículo para dar a conocer al mundo el nuevo ritmo del chachachá!*» [...].[244]

En otra parte de la entrevista, Enrique Jorrín, apunta sobre su obra emblemática que resultó popularizada por la Orquesta América, en 1953, por los discos de la Panart:

> [...]El primero en triunfar es «Engañadora», y aparece

---
[244] Don Galao, «Guerra del chachachá en México y La Habana», *Revista Bohemia*, La Habana, Cuba, año 45- nro. 31. 31-07-1955, pp. 56, 57, 83 y 84.

por primera vez dicha palabra en *Silver Star,* que está al reverso. Jorrín exclama en voz alta: ¡Compadre!, si para hacer un chachachá los autores utilizan el patrón de mi música. Más bonita o más fea, a partir de mi «Engañadora», se impusieron «Nada para ti», «El alardoso», que son diferentes tipos de chachachá — observa. Todos han podido construir sus piezas en este ritmo, menos el señor Mondéjar, que señala como uno de los primeros chachachás, «Yo no camino más». [...]Me acusa de traidor e ingrato y mi delito ha sido crear música e inscribirla a mi nombre porque es mía, simplemente, y de esta forma le impido a él explotar mi música. ¿Ingrato yo? ¿Por qué? ¿Por haberle dado la oportunidad de que hoy ocupe un puesto que no se merece? Y vuelve a la carga: ¡Todo el mundo sabe en Cuba que este ritmo me pertenece! Y como si mis palabras no bastaren, aquí tienes esta boleta del Ministerio de Educación donde está inscripto el "Ritmo del chachachá". En ella se indica cómo se debe tocar cada instrumento este ritmo[...] ¿En definitiva Jorrín? «En definitiva, Don Galaor, diga usted que para este tipo de inventiva creo necesaria la intervención de un psiquiatra. Ninón Mondéjar que me acusa de traidor e ingrato porque no le permito explotar mi música. ¡Eso es todo!».[245]

133

La búsqueda realizada en los Archivos de la Agencia Cubana de Derechos de Autores Musicales (ACDAM), donde se encuentran los libros del «Registro de la Propiedad Intelectual»[246] de los años referidos, los datos expuestos por Enrique Jorrín Oleaga, en el artículo, antes citado:

> Con fecha del 23 junio de 1953, se inscribió en el Registro de la Propiedad Industrial del Ministerio de Educación, «El ritmo chachachá (melódico-rítmico)», en Libro

---

[245.] Don Galaor, «Guerra del chachachá en México y La Habana», *Revista Bohemia,* año 45, nro. 31. 31-07-1955, La Habana, Cuba, p. 56, 57, 83 y 84.
[246.] República de Cuba, Ministerio de Educación, Registro de la Propiedad Intelectual. Radicación, Libro VIII (108), (archivos de La ACDAM)

119, folio 226. Y en ese registro consta que el autor del chachachá, es Enrique Jorrín. El Registro no consta solamente del nombre del nuevo ritmo, sino también de la forma en que debe tocarse cada instrumento para interpretarlo.[247]

Se aprecia que no hay correspondencia con lo por él declarado, pues con el título de «El ritmo chachachá (melódico rítmico)» aparece asentado en el Libro VIII con el nro. 47,628 en la Pág. 195 del 22 mayo 1954, un año posterior a la fecha expresada en el artículo. Al consultar la partitura que corresponde, al registro, conservada en el Museo Nacional de la Música, se confirma que su solicitud fue presentada con el código de entrada 045994, con fecha 6 mayo 1954 (nro. 47, 628). La partitura no corresponde a una obra musical, es una partitura descriptiva. Y se registra con posterioridad, cinco obras de otros autores: de Anacario C. Mondéjar Soto «La verde palma real» (Esto es Cuba), «No camino más», y «Dame agua fría»; de Ernesto R. Duarte Brito, «Mi Chachachá»; de Walfrido Guevara Navarro, «Tus besitos»; y de Eduardo Verde de León, «Con la misma moneda», asentadas e identificadas con el género musical del ritmo chachachá. La obra «La Engañadora» aparece en el Libro VIII con el nro. 45, 878 del 26 enero 1953 en la p. 108 con el género musical: mambo.

[247.] Don Galaor, «Guerra del chachachá en México y La Habana», *Revista Bohemia*, Año 45- nro. 31. 31-07-1955, La Habana, Cuba, p. 56.

¿QUIÉN CREÓ EL CHACHACHÁ?

Las flores del Pedregal

De todos los colores, yo tengo un rosal,
Estas sí son flores, las que tengo en mi pajal,
Estas sí son flores, las que tengo en mi pajal.
Yo no quiero flores si no son del Pedregal.

Ninón Mondéjar, Jumpy/ 1956

A Acapulco me voy bailando chachachá

Como ya se venía anunciando en ciudad de México, se confirma al fin un contrato para realizar presentaciones en la ciudad costera de Acapulco, famosa por sus balnearios marítimos del Caribe, y muchos se mostraban alarmados por la elevada cotización monetaria que que se le ofreciera a Ninón Mondéjar y sus muchachos de la América. Pero el chachachá y sus creadores estaban en la cima del éxito y el *boom* del nuevo ritmo, que ya había logrado desplazar al mambo y su creador Pérez Prado. Antes del arribo a Acapulco hacen aparición en la televisión. «Actúan en programa especial del Canal TV-5. Aparecen Sergio Olivares Gascón y Ramiro Gamboa en la foto».[248]

«El lunes harán su primera actuación en el Club Social de Acapulco. Acertada idea de Félix Reina, que popularizó ya su "Muñeca triste", lanza ahora su "Carita de fiesta", que ya en Cuba pegó fuerte».[249] Mientras que el influyente periódico *Excelsior* divulgaba, con insistencia: «Cumplirán un ventajoso contrato por tiempo indefinido en Acapulco. Una grabadora capitalina lanzará sus últimos discos que también han tenido éxitos».[250]

La *Revista Cinema Reporte*, anunciaba su participación en la película: «*Música en la Noche* de Alianza cinematográfica. Director: Tito Davison; ayudante: Mario Cisnero; fotografía: Alex Fillips;

135

---

248. Periódico *ABC*, D.F. México, 29 de julio de 1955.
249. *Revista Novedades*, D.F. México, 29 de julio de 1955.
250. Periódico *Excelsior*, D.F. México, 31 de julio de 1955.

sonido: Nancy Jesús González; escenografía: Jesús Bracho; producción: Antonio Guerrero Tello; unidad: Estrella; reparto: Carmen Amaya y su ballet; Catherine Dunham y su ballet; Jorge Ulmer, María Victoria, Miguel Aceves Mejías, Lola Beltrán, Evangelina Elizondo y su orquesta; Andy Russell, Luis Alcaraz y su orquesta; Pedro Vargas, Boby Capó, Orquesta América, Rina Valdarno, Corona y Arau; Ballet Theatre de New Cork, con Lupe Serrano y John Kriza».[251]

Félix Reina, el violinista y arreglista de la Orquesta América, además el que más simpatías se ha captado, no quiere quedarse durmiendo en los laureles que ganó con «Muñeca Triste». Ahora lanzará otro chachachá: «Carita de fiesta».[252]

La llegada a Acapulco de la Orquesta América acaparó la atención de todos los medios de prensa, radio y televisión, y los titulares de sendas entrevistas que promueven su primera actuación destacan: «Debutó con gran éxito la Orquesta América en el Bum-Bum».[253] «Y enseguida debutó la famosa Orquesta América de Ninón Mondéjar con los bailarines del conjunto Julián y la hermosa Patricia Nieto».[254] «Debuta la Orquesta América de Ninón Mondéjar en el Centro Nocturno Bum Bum de la ciudad de Acapulco con sus bailarines Julián y Patricia Nieto».[255]

De nuevo, fue marcada la atención que despertaba la difundida disputa por la paternidad de chachachá, en medio de la expectativa de ver actuar a Ninón y sus muchachos, el reportero Carlos Ruedo, comentaba:

> Otro dato precursor del nuevo ritmo fue la idea de ponerle letra a los estribillos de los danzones, eso nos hizo pensar en lo que después fue el chachachá. En 1952, llamó a su orquesta «Los creadores del chachachá» uno de sus músicos era Enrique Jorrín, quien por turbios procedimientos se separó del grupo para gritar, también a ritmo de chachachá, que él y no Ninón era descubridor del triunfado ritmo. Y los dos tienen éxito. Éxito grande. Sus arreglos amenazan extenderse a todo el mundo, y

[251.] *Revista Cinema Reporter*, D.F. México, Tepeyac Estudios, 3 de agosto de 1955.
[252.] *Revista Melodías Mexicanas*, D.F. México, 5 de agosto de 1955.
[253.] Periódico *El Redondel*, Acapulco, 5 de agosto de 1955.
[254.] Periódico *Excelsior*, Acapulco, «Misceláneas Acapulqueñas», 6 de agosto de 1955.
[255.] Periódico *Excelsior de México*, sábado, 6 de agosto de 1955.

ellos y sus orquestas son solicitados en infinidad de países. El mismo Ninón nos da el secreto de las orquestas de chachachá, según el director, la orquesta debe ser igual a las charangas populares cubanas de siempre, y son indispensables en primer lugar, las flautas y los violines, sin ellos no hay chachachá, afirma el director. El piano, tumbas, timbales, contrabajo son los instrumentos que completan el conjunto. Pero Las flautas y los violines no deben faltar. Como dato curioso, este, la Orquesta América, la componen diez músicos y el director. ¡Pero meten más ruido que todos los diablos del infierno en un mitin electoral! Ese es el secreto del chachachá.[256]

El Club Social Bum Bum, desde el debut el 5 agosto, agota sus entradas cada día para ver a la orquesta cubana del momento, con una afluencia de turismo alta. Se pueden leer las noticias, diarias: «Boo Ross representante de artistas americanos junto a Red Sketon y Danne Kaye fueron al Bum-Bum a ver actuar a la Orquesta América de Ninón Mondéjar».[257]

«Continúa éxito en Acapulco. Contrato por 15 días, pero quién sabe cuándo regresa. Patricia Nieto Loyo de actriz a excelente bailarina de chachachá».[258]

«El turismo llena este puerto viendo actuar en el Bum-Bum a la Orquesta América junto a Pancho Díaz, etc».[259]

«Actúa con mucho éxito la Orquesta América de Ninón Mondéjar, siguen con éxito en el Bum-Bum la célebre orquesta con su bailarín el pequeño Julián. Anima Che Marino».[260]

Al tiempo las actuaciones son cubiertas por los medios de difusión, se anunciaba: «Se prepara una gira de la Orquesta América por toda la república a partir del primero de septiembre, en la que se le pagará 8000 pesos por día. Tomando en consideración que el recorrido durará treinta días, hagan cuentas del dineral».[261] Y la

256. Carlos Ruedo, *Revista Impacto*, 6 de agosto de 1955.
257. *Atisbos*, Acapulco, 9 de agosto de 1955.
258. Periódico *Excelsior*, D.F. México, 10 de agosto de 1955.
259. Periódico *Atisbos*, Acapulco, 13 de agosto de 1955.
260. Periódico *Excelsior,* 13 de agosto de 1955.
261. Periódico *Excelsior*, D.F. México, 11 de agosto de 1955.

presentación en ciudad de México de la participación de la orquesta en la nueva película. «Se exhibe la película *Música en la noche*».[262]

Un hecho curioso surge en la *Guerra del Chachachá*, cuando el maestro Enrique Jorrín, de regreso a La Habana, y habiendo firmado contrato para actuaciones y grabaciones de discos, que se harían en septiembre de 1955, con empresarios mexicanos, se ve obligado por la ley, a solicitar el reconocimiento oficial de su orquesta, que no había sido inscrita, ni registrada jurídicamente ante las autoridades cubanas. Por tal motivo realiza, el 16 de agosto 1955, la «Solicitud» del Lema Comercial, en el Ministerio del Comercio, Dirección de la Propiedad Industrial: «Orquesta Enrique Jorrín, creador del chachachá y los danzones cantados».[263]

Un nuevo paso para mantenerse en la disputa con el maestro Mondéjar. Llama la atención que un año después le fuera reconocida su solicitud, el 18 de mayo de 1956, por la Oficina de la Propiedad Industrial y que le fuera expedido a su titular, Enrique Jorrín, dos años después, con el Certificado de Registro nro. 2, 455 expediente nro.166, 411 de 14 mayo 1957.

138

Mientras tanto, en Acapulco los éxitos seguían para la Orquesta América. Su director Mondéjar, se mantenía resistiendo el asedio de la prensa y las noticias llegadas desde La Habana en contra de su orquesta, allí declaraba, una vez más:

> «Nadie creó el Chachachá», enfatizó Ninón Mondéjar. Ninón Mondéjar, el director de la Orquesta Cubana América, expresó ayer que: «ya no quiero saber nada de los que se disputan la paternidad del chachachá. Esos ritmos, dijo, no pertenecen a nadie y no hay inventores de ritmos, esos lo hacen el pueblo y yo nunca me adjudicaré la paternidad del chachachá, pero siempre afirmaré que mi orquesta fue la primera en ejecutarlo». A continuación, Ninón Mondéjar señaló que ese ritmo no es nuevo, lo nuevo es el baile, pero antes existía ya el danzón cantado, que ahora ha tomado el nombre de chachachá.[264]

[262.] Recorte de prensa no identificado, 12 de agosto de 1955.

[263.] Certificado. República de Cuba, Ministerio del Comercio, Dirección de la Propiedad Industrial, Expediente nro. 166, 411 del Registro General, del 16 agosto de 1955. Jorge Luis Zamora Martín: *Jorrín*, Ediciones Loynaz, Pinar del Río, 2012, pp. 17-18.

[264.] Periódico *Excelsior*, Acapulco, 17 de agosto de 1955.

Al referirse a la opinión de Ninón, el destacado locutor y director de programas radiales de la Emisora Cadena Habana, Jesús A. Madruga, valoraba:

> Es más justo decir que La América es la creadora del chachachá, que decir que fue Jorrín. El chachachá surge con la América, es un ritmo que llega a los bailadores, con la música de la América. Enrique Jorrín, señor músico lo plasma en el pentagrama, es un resultado colectivo de la Orquesta América, lo que hacía el güirista con el güiro, que captaron los bailadores y empezaron a imitarlo, y así cada uno de los grandes músicos de la orquesta que pusieron su parte, para lograrlo. Ninón era el cantante, por eso se distinguió por su timbre y tenía buenos músicos. Jorrín siempre reconoció que la América era una orquesta de músicos maravillosos. Cada uno de ellos cuando salieron de la América, ya no fueron reconocidos, ni tuvieron el éxito que buscaron, eso sí lo lograron en la América porque había un Ninón Mondéjar con sus ideas geniales. Yo los entrevisté y los vi actuar muchas veces en los años cincuenta cuando Cadena Habana estaba en Prado y Colón.[265]

Después de esas declaraciones, continuarían los mexicanos apoyando a Ninón y su orquesta, se señala en la ciudad balneario Acapulco: «Orquesta América los verdaderos creadores del chachachá... triunfando en el Búm Búm, de Acapulco».[266]

«Llenos completos en esta semana el Centro Nocturno Bum-Bum donde actuó la Orquesta América».[267]

Y por si no bastase, aparece un nuevo padre del chachachá, en La Habana. Entra en la disputa por la paternidad del chachachá el músico Enrique Pérez Poey cuando aparece en la *Revista Bohemia*, en La Habana, su artículo «Yo Enrique Pérez Poey... », arguyendo su origen y definición musical, y afirmando tener la propiedad desde 1950. Entre sus argumentos se puede leer:

[265.] Jesús Ángel Madruga. Entrevista al locutor y director de programas de Radio Cadena Habana, 7 octubre del 2002.

[266.] José Carbó, periódico *El Popular*, Acapulco, 20 y 21 de agosto de 1955.

[267.] Periódico *Acapulco*, 27 de agosto de 1955.

[…] A fines del año 1950, yo Enrique Pérez Poey, compuse un danzón mambeado titulado, «No te perdonaré», que no hubiera tenido nada de extraordinario en aquellos tiempos, pues era una pieza corriente, pero tenía una innovación en la introducción que yo quería implantar, consistiendo en que la introducción del danzón fuera bailable desde el comienzo hasta el fin.

Entonces se lo di a Enrique Jorrín para que me lo instrumentara por saberlo un buen músico y compositor. […] Luego entonces, Enrique Jorrín me quita la idea de hacer el danzón con la introducción bailable, él se la pone a todas sus composiciones, después de haber triunfado con «La engañadora», pues todas las piezas que Jorrín tiene registradas hasta 1953, tales como «Antorcha de Artemisa», «Doña Olga», «Los faraones», etcétera, están inscriptas como danzones, mambo, rumba, guaracha. Ninguna como chachachá, ni esas mencionadas piezas tienen nada de chachachá. […] A los dos días hice una copia del «Baile del chachachá» y se la envío a la Orquesta América en la Cadena Roja, dirigiéndome a Enrique Jorrín para entregársela, quedándome pasmado cuando Jorrín, egoísta, mal intencionado, haciendo valer sus derechos de director musical de la Orquesta, me contesta: «Tocayo, no te pongas bravo, pero yo estoy haciendo una pieza de chachachá, así que lo siento». […] Por lo tanto: yo declaro que lo que Ninón Mondéjar y Enrique Jorrín pregonan a toda voz, confundiendo a la opinión pública al afirmar que son los creadores de un nuevo ritmo apodándolo chachachá indebidamente, es de mi propiedad.[268]

El autor del artículo, Enrique Pérez Poey, argumenta su demanda:

Yo, Enrique Pérez… de 39 años de edad, natural de Matanzas, con 25 años de profesión en la música popular, me dirijo a la opinión pública para declarar que obran en mi poder y estoy dispuesto a exhibirlos, Certificado

[268.] Enrique Pérez Poey, «Yo, Enrique Pérez Poey», *Revista Bohemia*, nro. 34 de 21 de agosto de 1955, pp. 115 y 143.

expedido por el Ministerio de Educación, con el número 27, 748 del libro NRO. 108, inscripta en 15 Nov. de 1951, de la obra musical titulada, «El baile del cha-cha-cha». Y por si no bastara esta, la primera obra reconocida que se ajusta perfectamente a los pasillos del bailador al ejecutar con los pies el cha-cha-chá, con el número 27, 842 del Libro NRO.108, la segunda obra titulada, "Cha-cha-chá", inscripta en diciembre 8 de 1951.[269]

Al realizar la revisión de los datos que ofrece Poey, como prueba de su propiedad intelectual, se detecta en los libros de Registros que estos no corresponden con los señalados. Las obras de su autoría, «El Baile del Chachachá» (Nro. 43,479/ 21 agosto 1951/ mambo-son/ Pág.500)[270] y «Chachachá» (Nro. 43,593 / 14 septiembre 1951 / danzón-mambo / Pág.4)[271] aparecen registradas, en su orden, con los géneros musicales de: *mambo-son* y *danzón-mambo*; aunque sí consta, que por primera vez aparece la palabra chachachá en el título de una obra musical en estos registros, lo que no significa correspondan al género musical en disputa.

141

Al referirse al concepto o palabra chachachá y su aparición en el ambiente habanero, Radamés Giró, hacía referencia:

Ahora bien, ¿cuándo y de dónde salió el término chachachá? Puede afirmarse que no fueron ni Jorrín ni Mondéjar los primeros en utilizarlo, pues el término ya estaba en uso antes de oficializarse. Parece ser que fue el promotor Vicente Amores, presidente de la sociedad Amores de Verano, dueño del salón de baile situado en Prado y Neptuno. Mondéjar cuenta que fue Amores quien reclutó a «un grupo de muchachitas que eran muy activas, que fueron las primeras en armonizar el pasillo con el coro que decía: un, dos, chachachá».[272]

269. Enrique Pérez Poey, *Revista Bohemia*, nro. 34, de 21 de agosto de 1955, p. 115.
270. República De Cuba. Ministerio De Educación. Registro De La Propiedad Intelectual. Radicación. Libro VII (107). (Archivos de la Acdam) Consultados 18/07/2019.
271. República De Cuba. Ministerio De Educación. Registro De La Propiedad Intelectual. Radicación. Libro VIII (108). (Archivos de la Acdam) Consultados 18/07/2019.
272. Radamés Giro, «Enrique Jorrín y el chachachá», artículo inédito entregado al autor, La Habana, abril 2016. 5 páginas.

La casa discográfica mexicana Musart pone en circulación el primer disco compilatorio de la orquesta formada en La Habana por los ex integrantes de la verdadera Orquesta América, la salida al mercado de este producto desata otra de las batallas de Ninón por la defensa de sus muchachos bajo su dirección:

> Ninón Mondéjar y la RCA Victor demandan a Musart por usar el nombre de su orquesta. La Musart lanzó varios discos al mercado, entre ellos, «La Basura» con la Orquesta América del 55. Ninón tiene registrado en México el título de la Orquesta que dirige. En Cuba está actuando ya una «Orquesta América del 55». Se solicita sean retirados del mercado los discos bajo el nombre de «Orquesta América 1955» y una demanda por 100 000 pesos.[273]

La prensa en Acapulco, sin más referencia, reporta la presentación de la orquesta: «Actuación en Puerto Guerrero».[274] Sin otro comentario adicional. Pero el periódico *Excélsior* hace referencia a un incidente sobre Augusto Barcia, amigo y fundador de la América, que desde siempre acompañó a su entrañable Mondéjar y que por demás, era el hombre de confianza para realizar cualquier gestión y coordinación de contratos, amén que compartía los pensamientos revolucionarios con Ninón. La noticia comunicaba: «La cancionista e imitadora Carmen Salinas, magnífica nadadora, salvó de morir ahogado a Augusto —timbalista— de la Orquesta América. Ahora el hombre no sabe cómo agradecer el oportuno tirón de cabellera que le dio la guapa».[275]

En los inicios del mes de septiembre de 1955, después de una buena temporada por Acapulco, vuelven a la capital azteca. Más actuaciones, lanzamientos de discos y sobre todo, el estreno de la película de Miguel M. Delgado con la Filmadora Chapultepec, hacen que continúe la exitosa trayectoria musical de la Orquesta América. Con entusiasmo anunciaba la prensa: «Regresó la Orquesta América. En *Las mil y una Noches* han sido muy extrañados».[276] «Nuevamente

---

[273.] Periódico *Excelsior*, Acapulco, 30 de agosto de 1955.

[274.] Recorte de prensa no identificado, Acapulco, agosto de 1955.

[275.] Félix Anguiano, *Excelsior*, «Televisando», 2 de septiembre de 1955.

[276]. *Revista Novedades*, D.F. México, 3 de septiembre de 1955.

en la capital, la Orquesta América y le llueven proposiciones para la TV». Emilio Alcárraza, director de TV, declaró: «Para mí la única orquesta que da sabor al chachachá es la América».[277]

El reciente ritmo ya se hace imprescindible en la vida musical de los mexicanos, por ello se celebra un gran concurso de baile del chachachá, por iniciativa de Ninón con el apoyo de empresarios y empresas importantes, otro paso en la consolidación del ritmo cubano.

143

«Se anuncia la actuación de la Orquesta América en los cines Estadio, De la Villa y Politeama, en el Concurso Nacional de Chachachá, con el auspicio del Teatro Margo y la *Revista Cine Mundial*».[278]

La *Revista Cine Mundial* describió el acontecimiento de este gran concurso así:

> Matinées con grandiosas películas, variedades y concurso de chachachá. Actuación especial de la Orquesta América (por cortesía del Teatro Margo). Premios por valor de más de ¡¡Diez mil pesos!! ¡¡Asista a los cines Estadio, de la Villa y Politeama!! Hoy mismo en los cines Estadio, de la Villa y Politeama se iniciará la formidable serie de matinés durante

277. Alfredo Ruiz del Río: *El Universal*, «Gaceta del Aire», 5 de septiembre de 1955.
278. Cartel de promoción Teatro Margo. 1955.

los cuales, amén de proyectarse las mejores películas y presentarse los más atractivos números de variedad, se organizarán sensacionales concursos de chachachá, en los que participarán parejas formadas por representantes de cada rumbo de la metrópoli, y parejas que danzarán al ritmo de la famosa y auténtica Orquesta América de Ninón Mondéjar. Los concursos del chachachá tendrán efecto en combinación con el Teatro Margo, debiendo publicarse en *Cine Mundial* los resultados de cada eliminatoria, lo cual tendrá proporciones nacionales, dado que este Concurso Nacional de Chachachá otorgará a los ganadores premios por más de diez mil pesos. Diviértase bailando chachachá y dese una oportunidad de ganar una suscripción nuestra y un gran premio.[279]

Gran triunfo en tres Cines, ayer, de la Orquesta América. Actuó en las matinés de los cines Estadio, De la Villa y Politeama.[280]

144

La difusión de los novedosos productos discográficos de la mano de Rivera Conde, continúa con buenas ventas y escalando lugares en los medios de radio y televisión, en particular, se intenta disipar las tensiones entre la RCA Victor y Musart: «Tratan de llegar a un arreglo amistoso con la Orquesta América en la Musart. La Orquesta América quiere demandar a esa compañía, porque han utilizado su

---

[279.] *Revista Cine Mundial*, 4 de septiembre del 1955.
[280.] *Revista Cine Mundial*, D.F. México, 5 de septiembre de 1955.

nombre en los discos que han salido tras que dejaron esa marca. Y esos discos, América 55, han sido hechos en Cuba para Panart, pero ofrecidos al público mexicano con etiqueta Musart».[281]

Sobre el tema destaca la prensa:

> «La Basura», chachachá de Jorge Zamora con la Orquesta América, obtiene ochenta puntos de popularidad. La letra es mala, pero tiene buena melodía, tiene un coro que recuerda a «…cuidadito, compay gallo». De la orquesta, se puede decir que tiene buen arreglo, que suena fácil y hace silbar a la primera intención, se desenvuelve con magníficos matices de las cuerdas a las flautas y el efecto de la campana, en lugar de ser voces, se hace con los instrumentos. Es una invitación a mover los pies. «Angoa», danzón de Félix Reina por la Orquesta América, también obtiene ochenta puntos de popularidad.[282]

Se sigue realizando versiones de canciones mexicanas al estilo del nuevo ritmo de la Orquesta América, en las que se aprecia la incorporación de valiosos compositores aztecas, es por ello que: «Harán en chachachá canción de Rubén Fuentes y Luis Llano, titulada "La Huella del anillo". Los primeros en llevarla a ese ritmo son los cubanos de la Orquesta América».[283] También del la propia producción del destacado compositor e integrante cubano Félix Reina, lo que se puede apreciar cuando: «Salen a la venta dos nuevos discos sencillos de la Orquesta América de la RCA Victor: 70-9680 "Angoa" de Félix Reina y "La Basura" de Jorge Zamora. 70-9684 "Las Viudas del Chachachá" y "Cómo bailan chachachá las mexicanas", de Félix Reina».[284] «En el Desfile de Éxitos la semana pasada se mantiene en primer lugar de la popularidad "Los Marcianos", por la Orquesta América. El chachachá desplaza al segundo y tercero a la ranchera y el Bolero».[285]

[281.] Prisciliano, *Revista Novedades*, 4 de septiembre de 1955.

[282.] Periódico *Excelsior*, D.F. México, Discos. 11 de septiembre de 1955.

[283.] *Revista Novedades*, D.F. México, 11 de septiembre de 1955.

[284.] *Revista Melodías Mexicanas*, D.F. México, 25 de septiembre de 1955

[285.] *Revista Radio-TV. Selecciones*, 15 de septiembre de 1955.

De vuelta al Teatro Margo y al Club Mar y Cel, hacen nuevas temporadas con el favor del público que los sigue aclamando: «Orquesta América retornará al Teatro Margo, es una lástima que tan buena y rítmica Orquesta aún no haya sido debidamente aprovechada por los empresarios».[286]

Otro periódico apunta:

> Hoy sábado, el Club Mar y Cel presenta a la creadora del ritmo chachachá, la verdadera y única Orquesta América de Ninón Mondéjar, con su cantante Leo Soto y su bailarín Julián. Los Panchos, sencillamente el mejor trío mexicano. Las vedettes Chela Arreguín y Olga Villa junto a las Chachachá Girls, Adela, Mina, Criss y Delia. Ricardo Luna como coreógrafo. Tres Show diarios: 11,30; 1.15 y 3.15 horas.[287]

146

Se anuncia el próximo estreno del filme: *Las viudas del chachachá*, comedia musical de Filmadora Chapultepec, S.A. Con: Amelia Aguilar, Raúl Martínez, Chula Prieto y Andrés Soler. Director: Miguel M. Delgado.[288]

[286]. Alberto Catani, *Revista Esto*, 9 de septiembre de 1955.
[287]. *Extras de Noticias*, 11 de septiembre de 1955.
[288]. *Revista Novedades*, D.F. México, 11 de septiembre de 1955.

Como parte de la campaña publicitaria por el estreno de la película, se desata una aparente rivalidad entre Ninón y una de las protagonistas, que fue llevada por algunos medios de prensa, donde se comentaba: «Continúa el reto de Chula Prieto por aparecer dip rigiendo y bailando con la Orquesta América en el teatro y ofrece pagar el doble a Ninón y afirma que si Ninón se niega formará una Orquesta con los mejores músicos de chachachá».[289] «Ninón comenta que Pedro Galindo es el responsable que Chula Prieto se tome en serio dirigir su Orquesta como lo hizo en la Película (*sic*) *Las viudas del chachachá*, que no duda, si estudia, pueda hacerlo. Una cosa es la película y otra la realidad pero que podría prestarle su Orquesta para que trabaje en el teatro».[290] Aparece un comentario sobre la disputa entre Chula Prieto y Ninón Mondéjar por la batuta de la Orquesta América, donde: «Amelia Aguilar y Raúl Martínez protagonistas de la película *Las viudas del chachachá* apoyan a Chula, parece un ardit para darle propaganda a esa película».[291]

Por fin, el 15 de septiembre, se realiza el pomposo estreno de *Las viudas del Chachachá* que sin duda, sería una de las mas exitosas en las que participaría la orquesta de Ninón Mondéjar: «En el cine Olimpia. Año de estreno. Se estrena la película: *Las viudas del chachachá*».[292]

El 16 septiembre de 1810 constituye una efeméride de gloria para el pueblo mexicano, día que Hidalgo y sus compañeros, llamaron a la lucha por la independencia, por ello, Mondéjar y sus músicos cubanos, festejan esa fecha con una gran actuación junto a otros talentos locales: «Actúa la Orquesta América de Ninón Mondéjar en Baile Tricolor, por el Día de la Patria en el Club France, junto a Evangelina Elizondo y su orquesta; Orquesta Ingeniería; las vedettes Ana Berta Lepe y Ana Luisa Peluffo; Los Ases; Las Malagon Sisters; el pianista Facundo Rivero; la soprano Olga Puig; el tenor Andres Areu y Las Kukaras, artistas cómicos».[293]

La afamada vedette cubana, prepara su retorno junto a Mondéjar a golpe de chachachá, por ello se anuncia: «Pronto Ninón Sevilla hará su debut ante la TV Mexicana, con sus bailarines afrocubanos

---

[289.] Periódico *Excelsior*, D.F. México, 12 de septiembre de 1955.

[290.] *Extras de Noticias*, D.F. México, 13 de septiembre de 1955.

[291.] *Ibid,* D.F. México, 14 de septiembre de 1955.

[292.] Recorte de prensa no identificado, D.F. México, 15 de septiembre de 1955.

[293.] Recorte de prensa no identificado, D.F. México, 15 de septiembre de 1955.

y acompañados por la Orquesta América. Actualmente se encuentra en Acapulco».[294]

Puntos suspensivos...

En la *Revista Bohemia*, en La Habana, aparece un interesante artículo titulado «Punto final» bajo la rúbrica del musicólogo Odilio Urfé, que pretende cerrar la disputa por la paternidad del chachachá. Movido por su autorizada valía de estudios de la música folclórica cubana, expone sus puntos de vistas que lo llevan a dictaminar a favor de Enrique Jorrín, como vencedor de esta prolongada batalla. Su opinión, nada más lejos de cerrar un escabroso pasaje de la música cubana, acentuó y dejó las puertas abiertas para una interminable diversidad de criterios sobre el asunto, que aún hoy mantiene divididos los bandos pro Jorrín y pro Mondéjar. Lo más interesante de su explicación radica en que define el chachachá, desde el punto de vista técnico, como baile, no lo considera un ritmo, ni un género musical y al mismo tiempo, y de forma contradictoria, reconoce a Enrique Jorrín como creador de un nuevo estilo en la interpretación del danzón. Su concepción de «músico» excluye a los autodidactas o empíricos, de lo que se puede deducir que, por ejemplo, Sindo Garay, Benny Moré, Ninón Mondéjar y muchos más no lo son, y que se hayan incapacitados para crear algo, a lo que puntualiza: «*No hay nadie que haya inventado nada tratándose de fenómenos folclóricos. Miguel Faílde, por ejemplo, no inventó el danzón, sino que fue el creador u ordenador por selección de varios elementos (formales, estilísticos, melódicos, cadenciales, rítmicos, etc.) musicales de tradición, conformándolos bajo el nombre de danzón*».[295]

Para el profesor Odilio Urfé, el punto de partida de este estilo de interpretar el danzón, lo constituye la obra musical «La Engañadora», heredera de la influencia del danzón-mambo aprendido y asimilado por Jorrín en la orquesta Radiofónica de Arcaño. Por ello afirma de forma categórica: «Resumiendo: Enrique Jorrín no inventó la palabra chachachá. Enrique Jorrín no creó los pasillos característicos del chachachá. Pero Enrique Jorrín es el creador de un estilo musical

148

---

[294] *Ibid*, 19 de septiembre de 1955.
[295] Odilio Urfé, «Punto final», *Revista Bohemia* año 47, nro 38, La Habana, Cuba, 18 de septiembre de 1955, pp. 131 y 143.

que responde por el título de chachachá, en el que su presencia acusa un trabajo de selección y originalidad, no observadas por nosotros antes que su obra».[296]

La posición final de Urfé, es que desconoce tácitamente, cualquier autor y obra registrada con el ritmo de chachachá, como género musical. A pesar de que «La engañadora» fuera inscrita como mambo-rumba —lo que implica que aunque Jorrín no haya asentado, con carácter de chachachá, ninguna otra hasta un año después de registrada esta obra—, después, sus creaciones serían portadoras de ese «estilo musical», que por demás, Urfé aclara y reconoce, tiene su origen con los músicos integrantes de la orquesta Arcaño, los hermanos López, Antonio Sánchez, *Musiquita*, y otros que luego formaron parte del Conjunto de Arsenio Rodríguez. Las contradicciones, de Urfé, en su propio discurso, producto del nivel de información parcial y no integral al que tuvo acceso, no le permitieron diferenciar entre, «estilo musical», «ritmo musical» y/o «género musical», al referirse al concepto, expone:

El chachachá es fundamentalmente un estilo bailable compuesto por pasillos (reflejos o imitaciones de hechos cotidianos) característicos que se advienen con ciertos ritmos musicales. De esta definición se coligen varios conceptos. 1.- que el chachachá no acusa una coreografía de rigor, sino cada bailador produce libremente y según lo sienta pasillos de la más incoherente relación, 2) que el chachachá no es una forma musical nueva, pues esta carente de una ordenación precisa, como por ejemplo, el danzón, así como tampoco resulta «un nuevo ritmo», ya que en el bajo de una danza popular (cubana) es donde asienta el ritmo fundamental que lo identifica, y el chachachá o todos los compuestos hasta la fecha, exhiben invariablemente células rítmicas propias de danzón, son, rumba, guaguancó, son- montuno, etc.[297]

149

---

296. *Ibid.*

297. Odilio Urfé, «Punto final», Revista *Bohemia*, año 47, No 38, La Habana, Cuba, 18 de septiembre de 1955, pp. 131 y 143.

Estas nuevas declaraciones, desde La Habana, hacen que Jorrín sienta apoyo en su posición paternal, mientras Ninón las ignore y siga defendiendo su paternidad colectiva con la América como la creadora del ritmo chachachá.

La Orquesta América se suma a las actuaciones desinteresadas para los que guardan prisión, por ello se les ve actuar en el Maratón de orquestas: «A las 10 de la mañana en la Penitenciaria del Distrito Federal, actuó la Orquesta América por el día del Recluso. Gratuitamente (*sic*) para los reclusos».[298]

«Ayer fue celebrado el día del Preso con un Festival en que tuvieron la Orquesta América, Mantequilla, Pompín Iglesias, Ana Luisa Peluffo, Margarita Monet y las Hermanas Navarro».[299]

El céntrico teatro Las Mil y una Noches, vuelve a programar la presencia de los músicos cubanos, que tanto éxito han tenido, ahora con el: «Estreno de la revista "A ritmo de Chachachá" en Las Mil y una Noches con la Orquesta América, junto a Amalia Cristerna, Los Dixon y Zarco, Reina Gracia, Coco Pinal con coreografía de Javier Fuentes. Aparece el chachachá "El Profesor" y "La Basura"».[300]

Desde la gran manzana, Nueva York, se suceden declaraciones de Dámaso Pérez Prado, después de que el mambo sea desplazado, por los mexicanos, que prefieren el nuevo ritmo del chachachá. Las excentricidades del Rey del Mambo, no se hacen esperar, el mambo *vs* chachachá, así describía el *Excelsior* sus declaraciones:

> Pérez Prado ofrece 5 mil dólares a quien demuestre diferencia entre el mambo y el chachachá, declaró que en 1948 había grabado un número titulado «Mambo Baclán» a un ritmo menos movido que el mambo común y corriente, y que había mucha similitud entre aquello y lo que se publica con el nombre de chachachá. Las declaraciones de Dámaso tienen cierta base si se toma en cuenta que el chachachá que está dando a conocer en E.U. por orquestas de jazz tienen alguna semejanza con el mambo interpretado de forma algo lenta. Pero la diferencia es bien notoria cuando se trata de bailar uno u

---

[298.] *Novedades*, D.F. México, 24 de septiembre de 1955.
[299.] *Revista Claridades*, D.F. México, 22 de septiembre de 1955.
[300.] *Extras de Noticias*, D.F. México, 23 de septiembre de 1955.

otro ritmo, y que en EE.UU. no se conoce todavía lo que es chachachá y tocado aún más por la Orquesta América.[301]

Sí hay diferencia entre el mambo y el chachachá. Ninón Mondéjar, el director orquestal que popularizó en México el chachachá, responde al músico Pérez Prado que lanzó un reto en los Estados Unidos. Afirma que la diferencia es notable, que algunos autores tengan registrados mambos y después le llaman chachachá. «El mejor juez es el público mexicano, que ha visto nacer los dos ritmos y por consiguiente el que más y mejor los conoce».[302]

«Ninón asegura a un periodista que sí hay diferencia entre el chachachá y el mambo».[303]

A finales de septiembre, no se hacen esperar las actuaciones, otra vez con las chicas de Ricardo Luna, ahora: «Actuación Orquesta América en el Margo con el Ballet Ricardo Luna, Las Malagon Sisters, Facundo Rivero y Lola Beltrán».[304]

América, festeja un año de chachachá en México

Próxima a celebrar el primer aniversario de su llegada a ciudad México, la Orquesta América, tiene muchos planes por desarrollar, entre ellos: «Se anuncia la próxima gira por la península de Yucatán con Fernando Villacaña».[305] Además, se mantienen sus temas musicales en la preferencia de los bailadores. El periódico *Excelsior* informa la ubicación en la lista de éxitos semanales en el Distrito Federal:

> El chachachá: «La Basura». *Superrápido en el Desfile de Éxitos de esta semana. Con su reciente grabación de «La Basura» la Orquesta América que conduce Ninón Mondéjar ingresó nuevamente al Desfile* de Éxitos que computa semanalmente Raúl Cervantes Ayala, en el 2. lugar, «Las Clases de Chachachá» y en el 8. lugar, «La Basura».[306]

301. Periódico *Excelsior,* D.F. México., 24 de septiembre de 1955.
302. Ibid, D.F. México, 27 de septiembre de 1955.
303. López Guerrero, *ABC*, «Radio-TV notas», D.F. México, 28 de septiembre del 1955.
304. Periódico *El Universal*, D.F. México, 29 de septiembre de 1955.
305. *Extras de Noticias*, D.F. México, 1ro. de octubre de 1955.
306. Periódico *Excelsior*, D.F. México, 3 de octubre de 1955.

Llevados por el sentimiento de solidaridad que caracteriza la hermandad entre los pueblos de México y Cuba, no se hacen esperar las actuaciones de los músicos cubanos con el fin de recaudar fondos para los pobladores de ciudad Tampico, que fueron sometidos a los azotes de un terrible huracán. Allí, como siempre, la orquesta de Ninón Mondéjar: «*Noche Cubana en el Teatro Margo para recaudar fondos para los damnificados por los ciclones. Para comprar ropa y víveres. Participan los cubanos radicados o de paso por iniciativa de Facundo Rivero*».[307]

GRAN FIESTA ARTISTICA
"MEXICO CON LOS DAMNIFICADOS"
HOY — LA PRENSA Octubre 19/955
a partir de las 19 horas, en el
AUDITORIO NACIONAL

«Actuación en el Margo de la Orquesta América, Lola Beltrán, Facundo Rivero con La Malagon Sisters y Los Mariachis México. Para la ayuda a los damnificados de Tampico por el terrible ciclón».[308]

El rotativo *La Prensa* también se hace eco de esas presentaciones:

La Orquesta América participa en el Festival «México con los Damnificados» en el Auditorio Nacional convocado por el periódico *Última Hora* (Asociación Mexicana de Periodistas) para recaudar fondos para los damnificados del ciclón junto a María Félix, Dolores del Río, Libertad

[307]· *Revista Cine Mundial*, D.F. México, 1ro. de octubre de 1955.
[308]· Recorte de prensa no identificado, D.F. México, 15 de octubre de 1955.

Lamarque, Cristiane Martel, María Victoria, Ana Berta Lepe, Ana Luisa Peluffo, María Antonieta Pons, Arturo de Córdova, Tito Guízar, Luis Aguilar, José Alfredo Jiménez, Pedro Armendáriz, Luis Alcaraz, Conjunto Ninón Mondéjar, Clavillazo. Lolita Sevilla, Amada del Llano, Stella Inda, Amalia Mendoza, Gonzalo Curiel, Viruta y Capulina, Carlos y Neto, Alejandro Algara, Raúl Martínez, Orquesta de la Unión Filarmónica Mexicana, Pareja Los Pamperos, Pareja Los Costeños, Pareja Los Tariácuris, Hnos. Martínez Gil, Trío Los Mexicanos, Mariachis México. Maestros de Ceremonia: Nono Aarhus, Pepe Ruiz Vélez, Agustín Isunza. Director de escena: Francisco Pando.[309]

Al concluir su actuación la actriz mexicana María Félix se reúne con la orquesta para dejar testimonio fotográfico de su admiración por los creadores del chachachá, representados por Mariano Rivera Conde (RCA Victor).

153

La Orquesta América con María Félix, en el Festival México con los Damnificados en el Auditorio Nacional, 19 de Octubre de 1955

[309]. Periódico *La Prensa*, D.F. México, 19 de octubre de 1955.

La Orquesta América con María Félix, en el Festival México con los Damnificados

El Teatro Margo sigue acaparando la atención del público en esta temporada de celebraciones con la Orquesta América: «Continúa actuando y ofrece nuevos chachachás la Orquesta América en el Margo, entre ellos "La basura", "Muñeca triste" y "Los espiritones"».[310]

«Excelente revista musical *El Pájaro de Oro* en el Teatro Margo donde sobresalen los arreglos de "Angoa" y "La Basura", de Félix Reina».[311] El *Zar* del disco, Sr. Rivera Conde, como parte de las inversiones de la RCA Víctor, inaugura una tienda para la venta de sus producciones discográficas, partituras y fotografías de artistas, entre otras ofertas: «RCA Victor presenta la nueva tienda "Sears-Ejército" a sus artistas exclusivos, la gran Orquesta América creadores del chachachá hoy a las 5:00 pm».[312]

«La RCA Victor presenta en su nueva tienda "Sears-Ejército" en la avenida Ejército Nacional nro. 980, a sus artistas exclusivos, ¡la gran Orquesta América! *¡Creadores del chachachá! Desde las 5 a las 6 p*.m. Estos artistas autografiarán sus discos que compren en el bien surtido departamento».[313]

---

[310] Periódico *El Universal*, D.F. México, D.F., 7 de octubre de 1955.

[311] Shu, *El Redondel*, México, D.F. México, 23 de octubre de1955.

[312] Periódico *El Universal*. D.F. México, 29 de octubre de 1955.

[313] *Ibid,* 29 de octubre (sábado) de 1955.

«Sale al mercado nuevo sencillo, 70-9727. "Sube y baja el telón", chachachá de Rosendo Ruíz y "Pimpollo," chachachá de Chucho Martínez Gil».[314]

Las festividades de la Orquesta América por su primer año en tierras mexicanas, a las que arribara el 11 noviembre 1954, unidas al 12 aniversario de su fundación, fueron celebradas con gran fanfarria en el Teatro Margo, donde realizaron su primera actuación, y en el Teatro Las Mil y una Noches. Un gran grupo de artistas estuvieron presentes en el elenco y como asistentes a los bellos y coloridos espectáculos. Los *shows* fueron reflejados en la prensa de esta manera: «La formidable Orquesta América el día sábado 12, su primer aniversario en México, festejará en el Margo, en la revista Gloria Ríos, Chelo Silva, Ricardo Luna y su Ballet, etc».[315]

Divulga otra publicación:

> Hoy en «Las Mil y una Noches» *en la Avenida Uruguay nº 14. Tres Show 12; 2 y 4 horas. Gane muchos regalos y discos RCA Víctor en nuestro Gran Concurso de Chachachá y Revista Musical «Canta Cuba» para celebrar el primer*

[314.] *Revista Melodías Mexicanas*, D.F. México, 5 de noviembre de 1955.

[315.] *El Universal Gráfico*, México, D.F., 10 de noviembre de 1955.

aniversario en México de la verdadera, sensacional y cubana Orquesta América, patrocinado por la RCA Víctor, el productor es Javier Fuentes con la actuación de las vedettes Reina García, Coco Pinal, Lupe Rodríguez, Eloina, Josefina, y Lissa, la cantante solista Amalia Cristerna, los bailarines excéntricos musicales «Los Dixzon and Zarco». En nuestro primer Show de las 12 en punto: Las Dos Rosas, Paco Rodríguez y Lily. Para que Usted baile tres orquestas desde temprano. Vestuario de Julio Chávez y el maestro de ceremonias Pepe Hernández. Los integrantes de la Orquesta América, Ninón Mondéjar (cantante y director), Leovigildo, *Leo*, Soto (cantante), Julián Cabrera (congas), Alex Sosa (piano), Elizardo Aroche (violín, mexicano), Clemente Lozano (flauta), Augusto Barcia (timbal), Aurelio Gutiérrez (violín), Félix Reina (violín), Armando, *La Pipa*, Flores (contrabajo, Mexicano), Rolando Lozano (flauta) y el negro Belén (güiro).[316]

156   Otros medios destacan la celebración del aniversario: «Se festeja en el Teatro Margo el primer año de la Orquesta América en México, la creadora auténtica del chachachá con 12 años de éxitos en Cuba, invitan a su festejo a Yeyo y Cané con su Conjunto Tropical, Arturo Núñez y su Orquesta, Facundo Rivero y su grupo, la Orquesta de Ramón Márquez».[317]

«Festejaron ayer el festival del Teatro Margo para celebrar los doce años de vida artística de la Orquesta América y el primer año de éxitos en México. Asistieron Arturo Núñez y su Orquesta, Facundo Rivero y su Conjunto, Yeyo Cané, Trío Avileño, Armenia Álvarez (Vedette), entre otros».[318]

Ahora desde La Habana y con su nueva orquesta, Enrique Jorrín estaba por llegar a México, al respecto Oney Cumba comentaría:

En 1956 me pide, Soris, vea lo que podía hacer por la orquesta de Jorrín en México y yo le respondí que no podía tener dos proyectos iguales, porque la América

---

[316.] *Extra de Noticias*, D.F. México, 11 de noviembre de 1955.
[317.] Periódico *Excelsior*, D.F. México, 11 de noviembre de 1955.
[318.] *Revista Cine Mundial*, D.F. México, 12 de noviembre de 1955.

estaba afianzada. Ellos trabajaban en los mejores lugares y cobraban por actuación muy bien, hasta 1500 pesos y ganaban lo que pidiera Ninón. Por eso es que Soris viene personalmente a México con Jorrín, porque estaba comprometido con Jorrín, él le había apoyado a organizar la orquesta a Jorrín.[319]

[319.] Oney Cumba, músico, compositor, delegado del Sindicato Cubano de la Música en México, de 1954 al 1958. Entrevista al autor en su casa en la calzada de Guanabacoa, 2004.

La Orquesta América, México, 1956

FRENTE A FRENTE EN MÉXICO

Jumpy del amor
Ya yo no quiero riquezas,
ni quiero felicidad,
Me conformo con la pena,
que tu cariño me da.
Este es mi Yompy, Yompy del amor,
Bailando mi Yompy y se olvida el dolor.

Ninón Mondéjar, Jumpy / 1957

Orquesta Enrique Jorrín frente a frente con la América de Mondéjar

La orquesta Enrique Jorrín hace su arribo a ciudad México, recién celebrado el primer aniversario de la llegada de la Orquesta América de Ninón Mondéjar. Una nueva faceta de la disputa entre Jorrín y Ninón se sucede con las dos orquestas frente a frente y en teatros muy cercanos y populosos, el Margo y el Follies: La Orquesta de Ninón Mondéjar ha prolongado excesivamente su estancia en México, vino por seis meses y se ha quedado con todos sus integrantes cubanos. Ahora también aparece Enrique Jorrín y su Orquesta que acaba de hacer su debut.[320]

Los comentarios y críticas de los medios favorecían a la Orquesta América con Mondéjar al frente, los bailadores y el público en general pudieron comparar y establecer su preferencia, nada favorable a Jorrín y sus músicos, que también eran de gran calidad, solo que la charanga Jorrín con las trompetas incorporadas, para sonar distinto y conquistar a los mexicanos, aquí no le funcionarían. Al escuchar los discos grabados, se aprecia un estilo muy refinado y un sonido muy cálido y pausado, a diferencia de la América, mucho

---

[320.] Rubén Corona, periódico *Novedades*, D.F. México, 13 de noviembre de 1955.

más a «tempo vivo». Toda esta confrontación fue seguida con avidez por la prensa escrita.

> ¿Quién es Ninón Mondéjar y quién Enrique Jorrín? «Si en tu casa quieres paz, deja de hablar, y haz». Es hora ya de poner los puntos sobre las respectivas íes, en el caso Mondéjar y la creación del ritmo chachachá. Por principio de cuentas, Mondéjar es el director de la Orquesta América hace la friolera de doce años, mismo que cumplieron el viernes pasado. En 1953 obtuvo de la prensa habanera, los dos trofeos que otorga al conjunto más popular y los primeros intentos sobre el discutido ritmo se deben a las composiciones del formidable músico cubano Antonio Sánchez, ex violinista de Ninón, y que se llamaron «América» y «Yo sabía», solo que eran mambos y el director los corrigió al ritmo actual. Nunca fue Ninón Mondéjar músico de Jorrín como este falsamente afirma, sino al revés, Jorrín fue violinista de aquél durante ocho años. Pero al venir a México, la mayoría integrante de la América se negaba a tal, si los acompañaba el disidente, en virtud de su siempre latente falta de compañerismo y sobrados recursos de intriga. Lo «cortaron» por elemento indeseable. Si todo esto fuera poco, el tantas veces mentado Jorrín vino a México el año pasado, aprovechando una breve ausencia de Ninón, y sorprendió a la RCA Victor diciendo que él era el «auténtico» creador del chachachá, logrando grabar con músicos mexicanos algunos discos, con los cuales, por cierto, no pasó nada. A mayor abundamiento —a fortiori— el sabroso ritmo cubano fue introducido en México mediante la película «Mulata» con Ninón Sevilla, y cuyas interpretaciones estuvieron a cargo de la Orquesta América dirigida por Ninón Mondéjar. ¿Estamos?[321]

160

[321.] Schubert, *El Redondel*, 13 de noviembre de 1955.

La *Revista Zócalo* critica la actuación de la orquesta de Enrique Jorrín:

Fue un fracaso rotundo la presentación de la orquesta de Enrique Jorrín, los músicos desarrapados y de aspecto repugnante que se pusieron en el escenario del Follies no lograron entusiasmar a la poca gente que acudió a ver a Palillo saliendo decepcionados, porque el cómico ya no trabaja en el teatro. La publicidad barata que Jorrín trató de hacerse al hablar mal de sus paisanos de la Orquesta América no le dejó nada bueno y es que la gente ya está cansada de que le tomen el pelo de esa manera cualquier gente viene y cree que el público mexicano no sabe lo que hace y considera que es muy fácil tontearlo. Pero no, la gente de México es noble y trata con benevolencia a los artistas cuando éstos lo merecen, pero cuando son una serie de gentes que desde su llegada muestran una completa falta de calidad humana (llegaron y ni siquiera fueron para tratar de ponerse en contacto con sus paisanos de la América y no sólo eso, sino que hasta trataron de hacerles mal ambiente) el público les da la espalda y no quiere saber nada de ellos. Los cubanos en México son siempre recibidos con los brazos abiertos, pero en este caso los integrantes de la orquesta Jorrín están siendo repudiados por el público mexicano que por otro lado está ya cansado de esa estridencia generadora de amaneramientos que es el chachachá.[322]

Así se pronunció la *Revista Zócalo* refiriéndose a la presentación de la Orquesta de Enrique Jorrín en México, el 16 de noviembre de 1955:

> «La Autenticidad del Margo y la Burla en el Fillies».- Ricardo Luna, único coreógrafo que ha sabido montar revistas musicales de chachachá, y la Orquesta América en realidad es la única y auténtica creadora del ritmo. Ahora en el Teatro Follies debutó una verdadera «murga» procedente de Cuba, una verdadera burda copia de lo que Ricardo Luna pone en el Margo. Es una verdadera vergüenza como se presenta en el Follies a la mencionada Orquesta dirigida por un farsante que de manera petulante y tonta se autonombra el creador del chachachá, haciendo gala de un insólito cinismo.[323]

Y destacaba *Impacto*:

> En el Follies se presentó la orquesta de E. Jorrín, el compositor de «La engañadora» y otras músicas de chachachá. A decir vedad nos gusta mucho más la de Ninón Mondéjar que, sin aspavientos raros de sus intérpretes, tocan mucho mejor que los de Jorrín. Solamente con la actuación del negrito bongosero (se refiere a Julián el tumbador y bailarín) y de Olguita Villa basta para «acabar» con toda la orquesta del famoso y discutido compositor antillano (Jorrín).[324]

[322.] Juan Lario, *Revista Zócalo*, D.F. México, 13 de noviembre de 1955.
[323.] *Revista Zócalo*, D.F. México, 17 de noviembre de 1955.
[324.] «Desvelado», «México alegre y Nocturno», *Revista Impacto*, D.F. México, 22 de noviembre de 1955.

Este primer encuentro entre las dos orquestas, no solo tuvo repercusión en la prensa, sino también provocó otros incidentes del público mexicano, al respecto Ninón Mondéjar, esclareció:

> Jorrín siguió empujando porque desde que yo iba, y fui, a México, a gestionar contratos, él fue con el dirigente sindical de Cuba que era anticomunista, y fueron directo a la Victor con el escrito de la *Bohemia* (revista Nro. 25. Pág.18. 21 de junio de 1953.), con eso fueron allí y le hicieron un contrato, formó un grupo y grabó como «creador del chachachá», entonces por poco coincidimos, pero no nos vimos, me enteré de todo después […], pero bueno las cosas son como tienen que ser, a los pocos meses, llegue yo con mi orquesta a México y todo eso que hizo se le fue a tierra porque la América es la creadora del chachachá. Todo eso le costó a él que le metieran tremendo puñetazo, en el cabaret que se puso a tocar. Yo estaba en el cabaret «Las Mil y una noches», que era un cabaret al que nadie iba y empezó a llenarse con la América, a él (Jorrín) lo contratan en el «Follie», entonces un simpatizante de mi orquesta, medio borracho, fue allá a verlo y se le paró al frente y le dice: «*¿Quién es el creador del chachachá?*», le dice Jorrín: «Yo»; y dice el hombre: «Y mi compadre Mondéjar, ¿quién es?», ¡y le dio un puñetazo! Que lo tiró al piso, entonces siguió para el cabaret donde yo estaba y me dice: «*¡Allá le di un piñazo a Jorrín que por poco lo mato! Le digo ¡qué cosa más grande! ¿por qué hace eso? ¡Después me echan la culpa a mí… compadre!*» Después de eso vino Sori Martínez, el del sindicato de músicos de Cuba, a verme, él fue el que trajo a Jorrín a México que era un batistiano y anticomunista, por ende, enemigo mío, con un recorte de periódico que decía «La familia de Jorrín está muy preocupada porque temen, no sé qué cosa…, que yo mandara a alguien a matarlo», lo que yo le dije a Sori no lo puedo repetir ahora —risas.[325]

---

325. Ninón Mondéjar. Entrevista concedida al autor y Jill Hartley, Hotel Gran América, calle Industria 502, 3 piso., nov.-dic. 2001.

Haciendo un alto en sus múltiples presentaciones, realizan una: «Actuación en beneficio al artista Manolo Sarduy en el Teatro Principal junto a Chelo Silva y los Churumbeles de España y otros».[326]

La América de Ninón Mondéjar, la más querida de las orquestas en México, ya había calado hondo en el corazón del pueblo con sus múltiples pruebas de cariño, respeto y entrega en cada escenario en todos los estratos sociales, semanalmente estrenarían revistas musicales y temas musicales, toda una verdadera tormenta de chachachá.

«Ayer viernes en el Margo se estrenó la revista musical "Borolas canta y Chelo silba". Continúa con gran éxito la auténtica y única Orquesta América del chachachá de Ninón Mondéjar, la orquesta cubana América creadora y difusora en México del chachachá junto a todas las estrellas del Margo y Chelo Silva la sensacional cancionera 1955».[327]

En el reporte semanal de los lugares de preferencia de la radio y televisión, siguen permaneciendo con éxito: «En el Desfile de éxitos están en 6 lugar "La basura" de la Orquesta América y en 3 lugar "Pimpollo" por los Hnos. Reyes».[328]

164

Una propuesta internacional para integrar la delegación de artistas de México, a la Feria Internacional de la Paz, convocada a celebrarse en República Dominicana, incluye a la Orquesta América, pero antes de su partida actúan en el Teatro, que también los viene acogiendo con éxitos: «Se anuncia en "Las mil y una Noches" la sensacional y única, sin cuentos, Orquesta América de Ninón Mondéjar. Junto a Los Dixon and Zarco, las bailarinas Reyna García, Coco Pinal, Lupe Rodríguez, Eloina, Josefina, Lissa y Elena, el productor Javier Fuentes».[329]

La Feria Mundial de la Paz, también baila chachachá

«Ninón Mondéjar a Santo Domingo. Salen el 12 de diciembre a Santo Domingo para actuar en Radiodifusora "Voz Dominicana". Posteriormente seguirán su gira por Cuba, Venezuela y Costa Rica

[326] *Revista Ovaciones*, D.F. México, 17 de noviembre de 1955.
[327] *Revista Novedades*, D.F. México, 18 de noviembre de 1955.
[328] Periódico *Excelsior*, D.F. México, 19 de noviembre de 1955.
[329] *Extras de Noticias*, D.F. México, 8 de diciembre de 1955.

aproximadamente dos meses pues deben llegar a fínales de febrero de 1956 a México».[330]

«Partirá pronto a Sudamérica después de cumplir su primer año en México la Orquesta América. Tardarán 8 semanas en regresar, todo diciembre estarán en Santo Domingo».

Después de la actuación de Jorrín, aparece el comentario en la prensa «pues dirán lo que quieran, pero en la batalla del chachachá, ya puestos a escoger, nos quedamos con la Orquesta América del Pelón Mondéjar».[331]

«La Feria Mundial de la Paz será festejada en la hermana República Dominicana con grandes festividades artísticas en la que intervienen figuras mexicanas, cubanas y argentinas. Por lo tanto, tras de Chelo La Rué y sus 19 bailarinas, salió también la Orquesta América de Ninón Mondéjar».[332]

Oros medios como *Extras de Noticias* resaltan: «La Feria de la Amistad en Santo Domingo. La Orquesta América, junto al Ballet de Chelo La Rué, Las Kukaras, el Trío Anáhuac, Rosita Quintana, Tin Tan y Marcelo, Lola Beltrán y otros más».[333]

Y *Televisando* apunta: «En estos momentos deben estar volando rumbo a Santo Domingo, los integrantes de la Orquesta América de Ninón Mondéjar. Estarán durante 30 días, ganando 4000 dólares a la semana».[334]

El periódico *El Popular* destaca que «La Orquesta América se ha ido para Santo Domingo, pero regresará para el próximo mes de febrero, a cumplir otros compromisos pendientes en nuestra capital. ¡Felicidades a Ninón Mondéjar!»[335]

También amplía *Extras de Noticias* bajo el titular:

«Abundancia de artistas mexicanos en las costosas Fiestas Dominicanas». Más de 60 millones de dólares le cuesta al gobierno del generalísimo Leónidas Trujillo la organización de la Feria de la Amistad que actualmente se celebra en Santo Domingo. De esa cantidad, aproximadamente 25

330. *Revista Cine Mundial*, D.F. México, 12 de noviembre de 1955.
331. Periódico *Excelsior*, D.F. México, 17 de noviembre de 1955.
332. Gino Nuvolari, periódico *Excelsior*, D.F. México, 18 de noviembre de 1955.
333. *Extras de Noticias*, D.F. México, 19 de noviembre de 1955.
334. Félix Anguiano, *Revista Televisando*, D.F. México, 13 de diciembre de 1955.
335. Guillermo Sotomayor, periódico *El Popular*, 17 de diciembre de 1955.

millones de dólares son destinados para la contratación de artistas de todo el mundo, pero especialmente mexicano. Entre los artistas mexicano que se encuentran en Santo Domingo actualmente, se encuentran el Ballet de Chelo la Rué, Las Kukaras, el Trío Anáhuac, Rosita Quintana, Tin Tan, Marcelo, Lola Beltrán y la afamada Orquesta América.[336]

Durante la estancia en tierras dominicanas, llega la noticia: «*La Cadena Hispanoamericana de Comentaristas de Disco seleccionó a la Orquesta América como Orquesta más Destacada 1955 y el chachachá más destacado "Los Marcianos", teniendo en consideración los resúmenes semanales de "Desfile de Éxitos"*».[337]

El Comité de Premios de México, viaja hasta la isla para realizar la entrega de un reconocimiento importante: El conjunto destacado México 1955. Esto ocurre en la emisora de radio que los patrocina en su viaje: « "Director de la Orquesta recibe Premio". El director de la Orquesta América, Ninón Mondéjar, recibe el disco de oro en su primer año de actuación en México, trofeo que ganan los artistas más destacados cada año. La Orquesta América se encuentra en nuestro país cumpliendo contrato con la Voz Dominicana».[338]

«El Hotel Montaña presenta a Orquesta América creadora del chachachá, traída al país con exclusividad por el Palacio Radiotelevisor "La Voz Dominicana"».[339] «Ninón Mondéjar y su Orquesta arman revuelo en ciudad Trujillo con su ritmo chachachá».[340]

Los ecos del chachachá en México, La Habana, y Nueva York

Mientras la Orquesta América de Ninón Mondéjar está realizando sus presentaciones en República Dominicana, los ecos de sus éxitos son difundidos en México, La Habana y Estados Unidos.

La orquesta de Enrique Jorrín, continúa actuando y afanándose en desplazar, de manera infructuosa, a sus coterráneos: «En el año

---

336. Periódico *Extras de Noticias*, D.F. México, 19 de diciembre de 1955.

337. Periódico *Excelsior*, México, D.F., 21 de diciembre de 1955.

338. Periódico *La Nación*, Ciudad Trujillo, República Dominicana, 28 de diciembre de 1955.

339. Periódico *La Nación*, Santo Domingo. 7 de enero de 1956.

340. Alfredo Ruiz del Río: *El Universal*. México, D.F. 8 de enero de 1956.

1955, el Maestro y su agrupación son invitados a la Celebración de la Guadalupe el día 12 de diciembre, Jorrín aparece en varias imágenes que recogen momentos de esta celebración, en que participa como abanderado de la Guadalupe».[341]

Y *Novedades* anuncia: «La América sigue siendo noticia y presencia a través de su música, sus discos y el reconocimiento por la labor despegada en este primer año de trabajo en México. "Mi último fracaso" canción de Alfredo Gil es considerada el número musical más destacado de 1955. El conjunto de más triunfos, Los Hnos. Reyes y la Orquesta América de Ninón Mondéjar con "Los Marcianos"».[342]

Una nueva noticia aparecida en la prensa de Cuba, con repercusión en México y Estados Unidos, viene a sumarse a la tan prolongada Guerra del Chachachá:

«El chachachá objeto de pugna». La Habana, diciembre 20. México quiere arrebatar a Cuba la paternidad del chachachá. Antonio Bosch, el leído crítico de Teatro y Cine del Matutino habanero «Diario Nacional» recoge en una entrevista con Guy Barry los aspectos sobresalientes de la campaña por él iniciada. Afirman el gran éxito artístico y económico en EE.UU. y Europa del chachachá. Guy Barry como introductor del ritmo en EU (20 de febrero de 1954) en el Carnegie Hall, donde se realizó el primer concierto con la participación de los compositores cubanos Gilberto Valdés y René Touzat. Afirman que el mambo se derrumbó con la llegada del chachachá a EE.UU. Barry fue más allá de la introducción, su siguiente paso fue contratar a los más destacados autores cubanos de chachachá, José Fajardo, Antonio Sánchez, Arturo Rivas, Rosendo Ruiz, Ninón Mondéjar y Enrique Jorrín. Se argumenta el asombro de Barry ante el abandono de los cubanos de la paternidad del Chachachá, ideado por Arsenio Rodríguez y perfilado e instrumentado por Mondéjar y Jorrín con la famosa Orquesta América. Según Barry, la nación norteamericana es escenario de

341. Jorge Luis Zamora Martín: *Jorrín*, Ediciones Loynaz, Pinar del Río, 2012, p. 23.
342. Ramón Inclán, *Revista Novedades*, 21 de diciembre de 1955.

una pertinaz propaganda enderezada en demostrar que el Chachachá es mexicano y un baile nacional del país azteca. «Eso, naturalmente, le asegura a esa nación una corriente turística considerable», agregó Barry. «Incluso los programas de radio y televisión repiten este estribillo». Confió el entrevistado al crítico de *Diario Nacional* su esperanza de que, mediante «un organizado respaldo del gobierno y las instituciones pertinentes de Cuba, él podría sin costo para el país, reformar su publicidad a favor de la legítima procedencia cubana del chachachá a través de sus escuelas de baile y sus grabaciones». Barry ha realizado grabaciones del pegajoso ritmo cubano en Francia, Luxemburgo y Bélgica y afirma que el entusiasmo por el chachachá aumenta en Europa de día en día. «Mr. Guy Barry, jovial, sincero y afable, da pues, a un tiempo, una voz de alerta y un ejemplo enaltecedor a la inercia nacional que tolera el curso de los acontecimientos antes referidos», termina expresando Bosch en su entrevista.[343]

En ciudad México siguen apareciendo comentarios de la candidatura de la Orquesta América, por su excelente año 1955, en el ambiente musical de toda la República, a la mejor agrupación de música del año y, además se anunciaba: «El primero de enero de 1956 en el Canal 2 programa con los mejores del Disco 1955. Amelia Mendoza, Los Tres Ases, Hnos. Reyes, Los Bribones, Tito Guízar, María Victoria, Orquesta América, Orq. Mario Ruiz Armengol y Mariachi México. La América interpretará "Los Marcianos"».[344]

El periódico *La Prensa* adelantaba que:

> Los discos que más se vendieron en 1955 son de: Pedro Infante, Miguel Aceves Mejías, Libertad Lamarque, Los Panchos, Trío Avileño, María Victoria, Los Bribones, Los Hnos Michel José y Alfredo Jiménez, Lola Beltrán, Alfredo Pineda, Luis Alcaraz, Juan García Esquivel, Orquesta América y Amalia Mendoza. Las canciones

[343] Anselmo López Blanco (corresponsal de *UnitedPress*), periódico *La Prensa*, D.F. México, 21 de diciembre de 1955.
[344] *Revista Novedades*, D.F. México, 28 de diciembre de 1955.

más populares: «Un Mundo raro», «Tú y las nubes», «Los Marcianos», «Prohibido», «Mi último fracaso», «Cien mujeres», A los cuatro vientos», «Pancho López», «Amarga Navidad», «Pimpollo» y «Amor quedito».[345]

El Excelsior por su parte aseguraba: «Las Novedades de 1955 que llamaron la atención fueron Silverio Pérez, La Orquesta América y Carmen Salinas (imitadora) y defraudaron: La Orquesta Jorrín y Miguelito Valdés».[346] En tanto, la *Revista Novedades*, destacaba: «Los triunfadores de 1955 de la RCA Victor: Libertad Lamarque, Los Tres Ases, Hnos. Reyes, Los Bribones; La Orquesta América, Miguel Aceves Mejías y Amalia Mendoza, todos fuertes candidatos al Disco de Oro».[347]

A comienzos del año 1956, la RCA Victor lanzaba al mercado un nuevo disco: «"Poco Pelo", chachachá de Antonio Sánchez y "Vieja, Pobre y Flaca," chachachá de Severo Mirón son los nuevos temas incluidos en el disco sencillo 70-9753 de la Orquesta América con la RCA Victor que acaba de salir».[348]

En La Habana, el comité de premios anuales «Shows» otorga a Ninón y su orquesta, el 11 de enero de 1956, un importante reconocimiento:

> En La Habana la *Revista Internacional de Espectáculos Show* expide el Diploma a la Orquesta América por actuaciones destacada en el Extranjero, analizados los valores artísticos durante el año 1955 para que sirva de estímulo al magnífico esfuerzo realizado. Firman el Dr. Carlos M. Palma (director-administrador) y Jesús Rodríguez Peña (director artístico).[349]

---

345. Rafael Cardona Jr., periódico *La Prensa*, «Cabalgata Estelar», D.F. México, 1ro. de enero de 1956.
346. Anguiano, periódico *Excelsior*, «Balance Artístico», D.F. México, 3 de enero de 1956.
347. Ramón Inclán, *Revista Novedades*, «La aguja y el acetato México», D.F. México, 4 de enero de 1956.
348. *Revista Melodías Mexicanas*, D.F. México, D.F., 5 de enero de 1956.
349. Diploma. *Revista Internacional de Espectáculos Show,* 11 de enero de 1956, Museo Municipal Clotilde García de Los Arabos, Matanzas

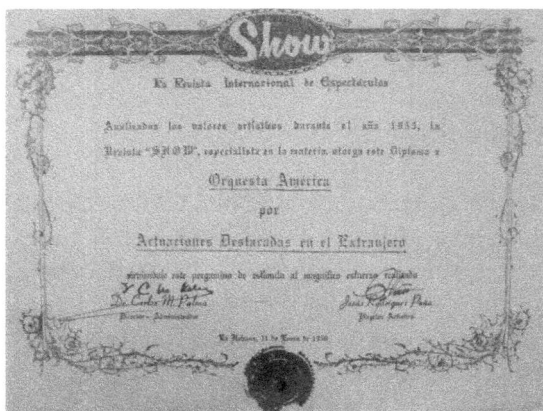

Según la *Revista Música y Notas*[350] los 10 más destacados cha-chachá de 1955 son:

- **Los marcianos** / Orquesta América de Ninón Mondéjar (Rosendo Ruiz)
- **Yo sabía que un día** / Orquesta América de Ninón Mondéjar (Antonio Sánchez)
- **Rico vacilón** / Orquesta América de Ninón Mondéjar (Rosendo Ruiz)
- **Muñeca triste** /Hermanos Reyes (Félix Reina)
- **Pimpollo** / Hermanos Reyes (Chucho Martínez Gil)
- **Clases del chachachá** / Ramón Márquez y su Orq. (Sergio Marmolejo y Ramón Márquez)
- **La basura** / Orquesta América de Ninón Mondéjar (Jorge Zamora)
- **En ti, en ti** / Luís Demetrio y su conjunto (Luís Demetrio)
- **El Chachachá universitario** / Pepe Luís y su Orq. (Pepe Luís)
- **El poli chachachá** / Pepe Luis y su Orq. (Pepe Luís)

Su Majestad la América reaparece triunfante en México

El Club-Cabaret Río Rosa acoge la primera actuación de la Orquesta América, tras su regreso de República Dominicana, donde rivaliza-ron con el merengue, e impusieron su sabroso ritmo del chachachá; muchos pensaban que eran mexicanos, por ser primera vez en la

---

350. *Revista* Música y Notas, D.F. México, enero de 1956.

historia de la nación azteca que unos músicos cubanos participaban en un evento como parte de la delegación de ese país.

La prensa destaca sus actuaciones:

> Gran reaparición de la verdadera creadora del chachachá ritmo de moda, la Orquesta América de Ninón Mondéjar con su cantante Leo Soto y su bailarín excéntrico Julián. Aurelio, Aroche, Augusto, Sosa, Clemente, Orlando, Armando y Félix Reina. Además, Las Viking Girls: Vicky Villa, Coco Pinal, Olga Villa, Reina Gracias y Lupe Rodríguez, las Novias de México. Invitados artistas de cine, radio y televisión en la gran reaparición de la Orquesta América. Sin duda el Mejor Espectáculo de la Capital en sus shows. 12; 1.30 y 3.30.[351]

Y comenta *Última Hora*: «Volvió, de Santo Domingo, la Orquesta América de Ninón Mondéjar con las caras conocidas de Félix Reina, Leo y todos los simpáticos cubanitos».[352]

[351.] Nota de prensa no identificada. Anuncio del Club-Cabaret Río Rosa, 3 de febrero de 1956.
[352.] Periódico *Última Hora*, D.F. México, 5 de febrero de 1956.

También la *Revista Aquí* y los periódicos *Excelsior* y *Extras de Noticias* apuntan respectivamente: «El Circo Hnos. Atayde home« najea al programa noticioso Cuestión de Minutos, asisten Pedro Vargas y Lola Beltrán, La Orquesta América. En la función de las 6:00 p.m. En la foto junto a la Orquesta América Mariano Rivera Conde, gerente de la RCA Victor».[353] «Una vez más: La América está en Las Mil y una Noche junto a las Vikinis Girls, Sonia Moreno, Rosita del Carmen y Jorge Valdelamas como solistas.»[354] «Ninón Mondéjar proyecta radicarse definitivamente en la capital, tan pronto cumpla compromisos en el extranjero».[355]

El Circo Hnos. Atayde homenajea en el programa noticioso Cuestión de Minutos *a La orquesta América, asisten Pedro Vargas y Lola Beltrán. En la foto junto a la Orquesta América el Sr. Mariano Rivera Conde, gerente de la RCA Victor*

Ya a finales de febrero la gran noticia de nuevos reconocimientos a la orquesta de Mondéjar y sus muchachos de la América, el segundo Disco de Oro:

> Ninón Mondéjar y su orquesta cubana América ganadora de: Disco de Oro de México 1955 como la mejor orquesta de México; Gran premio de la Asociación de Críticos de

---

[353.] *Revista Aquí,* D.F. México, 16 de febrero de 1956.
[354.] Periódico *Extras de Noticias*, D.F. México, 25 de febrero de 1956.
[355.] Anguiano: *Excelsior,* «Televisando», D.F. México, 25 de febrero de 1956.

Radio y Televisión de La Habana en 1953; Premio de la Crítica Tele-Radial de Cuba 1954 como la Mejor Orquesta Típica de Cuba saluda a los vendedores de Discos de México en su día. A la venta los sencillos de la RCA Victor 90-9753 con «Vieja, pobre y fea» y «Poco pelo»; y 90-9768 con «TotiriMondachi» y «Hoy como ayer».[356]

Un nuevo premio se suma a Mondéjar y sus músicos por la extraordinaria trayectoria en tierras mexicanas, el premio Musa de la Fama Radiolandia:

> Ninón Mondéjar. El conocido director de la Orquesta América y autor de chachachás quien al frente de su orquesta ha obtenido mucho éxito en México, se ha hecho acreedor a la Musa de la Fama Radiolandia por su trayectoria artística durante 1955. La Orquesta América durante una sesión de grabaciones para la RCA Victor después de recibir el reconocimiento de la prensa especializada la Musa de la Fama Radiolandia. La orquesta integrada por: Alex Sosa, pianista; Leo Soto, cantante y güiro; Augusto Barcia, timbal, Julián Cabrera, tumbadora y bailarín; Los Hermanos Rolando y Clemente Lozano, flautistas; Aurelio Gutiérrez, violín (mexicano); E. Aroche, violín; Félix Reina, violín y director musical; Armando Flores, contrabajo (mexicano), Romelio, cantante y Ninón Mondéjar, director y cantante.[357]
>
> Ninón Mondéjar, director de la insuperable Orquesta América que lleva más de 2 años triunfando en México. El «Pelón» Mondéjar actúa con su orquesta en radio, TV y en un popular centro nocturno y son, además, artistas exclusivos de la RCA Víctor. La Revista *Radiolandia* lo premió con una Musa por los éxitos de su Orquesta durante 1955.[358]

173

---

356. Periódico *Última Hora*, D.F. México, 26 de febrero de 1956.
357. *Revista Radiolandia*, D.F. México, marzo de 1956.
358. *Ibid.*

Se anuncia la premier de un nuevo filme con la participación de los cubanos: «Película *Amor y pecado* atrevida, sensacional y dramática. Realizada en los Estudios de Filmación México, en el papel protagónico Ninón Sevilla y con la participación de Ramón Gay y Rosa Elena Durgel, Octavio Arias, Mercedes Soles y la Orquesta América».[359]

Las celebraciones continúan, esta vez la *Revista Ovaciones* del gremio de trabajadores del teatro, destacaba: «Ayer, 28 de febrero, se celebró un extraordinario programa con más de 50 artistas por el aniversario de la Unión de Apuntadores de la Federación Teatral, entre otros La Orquesta América de Ninón Mondéjar, Ballet de Ricardo Luna, Orquesta de Leopoldo Olivares, Los Tropicans Cubans, Rubén Reyes, etc».[360]

El Teatro Margo, reinicia las actuaciones con la orquesta de Mondéjar, con nuevas propuestas de Show:

> En el Margo, La América con la revista musical de estreno «Usted perdone, no hay paso» con 30 bailarinas con Margo a la cabeza. Debutará Medalla de canción moderna «Como un perro», de Severo Mirón. Todos los viernes el público disfruta nuevos programas y revistas musicales en el Margo con la Orquesta América a la cabeza y treinta bailarinas con Margo en el protagónico.[361]

[359.] Recorte de prensa no identificado, D.F. México, marzo de 1956.
[360.] Estrada Lang, *Revista Ovaciones. Cinemascope*, D.F. México, 1ro. de marzo de 1956.
[361.] Periódico *El Universal*, D.F. México, 9 de marzo de 1956.

Película Amor y Pecado, *en la escena Rolando y Clemente Lozano, flautistas, junto a Ninón Sevilla, al fondo los demás integrantes de la Orquesta América*

Película Amor y Pecado, en la escena Ramón Gay y Ninón Sevilla, al fondo la Orquesta América

El pianista y compositor Alex Sosa, es destacado por sus aportes a los éxitos de la Orquesta América:

> Después de Félix Reina, es ahora Alejandro Sosa (Alex), también ejecutante de la Orquesta América de Ninón Mondéjar, el que ha presentado a las compañías de grabación varios chachachás que mediante la aprobación de los directores artísticos serán puestos a la consideración del público. Dos números originales del pianista han sido grabados, «El Bombero» y «Taxis» y ahora «Noches de Acapulco». Ahora la actriz cinematográfica Rosa Carmina incluirá dos o tres números del pianista en Barcelona, España en una nueva película.[362]

La *Revista Cinema Repórter* lo realza en sus artículos: «Y El pianista Alejandro Sosa, que vino a México con la Orquesta América de Ninón Mondéjar es autor de los chachachás "Los Bomberos" y "Taxis" que serán números de batalla de las Orquestas. Además, el compositor lanzará "Noches de Acapulco" de bonito corte».[363] Y: «Alejandro Sosa, pianista de la Orquesta América de Ninón Mondéjar recibirá fuerte cantidad de regalías por los derechos de sus chachachás «Taxi» y «Los bomberos» que van a figurar en una cinta musical».[364]

Una nueva actuación de beneficencia es realizada para los encarcelados: «La Orquesta América en el Penal de Lecumberri». «Pepe Hernández llevó el día 13 de marzo un Festival a la Penitenciaría con la Orquesta América y un sinnúmero de artistas al Teatro Regeneración de la prisión».[365]

Paco Malgesto enfrenta a Jorrín y Mondéjar

Los directivos del Canal 2 televisivo, logran realizar un mano a mano entre las orquestas cubanas de Mondéjar y Jorrín, en uno de sus más estelares programas. «El viernes pasado en el Canal 2 de

---

[362] Héctor Alpuche, *Revista Novedades*, D.F. México, 11 de marzo de 1956.

[363] Héctor Alpuche, *Revista Cinema Repórter*, D.F. México, 28 de marzo de 1956.

[364] *Revista Cinema Repórter*, D.F. México, 18 de abril de 1956.

[365] Pepe, *Revista Guerra al Crimen*, D.F. México, 13 de marzo de 1956.

TV en el programa "La Hora de Paco Malgesto" estuvieron Ninón Mondéjar y su orquesta; Charito Granados y Nono Arsus; la bailarina Margo, en competencia con Enrique Jorrín, el trotamundos S. Falk y Mary y Loris, bailarinas».[366]

Como resultado del esperado encuentro, comentaba el periodista y crítico de arte Sr. Ariaga:

> *«El Sábado de Gloria», día especial. En el Margo estará Evangelina Elizondo y la Tarlacuri aparte de que contratará a Enrique Jorrín para sustituir temporalmente a la Orquesta América. Los televidentes tuvieron la oportunidad de ver un extraordinario programa televisivo, en el que Paco Malgesto puso, por primera vez, mano a mano a Ninón Mondéjar y a Enrique Jorrín con sus orquestas. El público en general pidió oreja y rabo para la Orquesta América, quien llevó de intérprete bailable a la excepcional Margo. La exquisita chinita les dio un revolcón de vuelta y media a las dos primitas que llevó Jorrín. A Mondéjar hasta le creció pelo del gusto que le dio.[367] Margo, la sensación del teatrito de Min es ahora la escultural Margo, estupendísima bailarina chinita que con la Orquesta América alegra la escena y el arte de bailar.[368]*

Después de este encuentro aparece un reporte de prensa comentando:

> Entre los directores orquestales de chachachá que actualmente se destacan en México, Ninón Mondéjar, como consta al público, es uno de los que en forma definitiva han conquistado un primerísimo lugar, pues además de sus bellas interpretaciones en este ritmo de moda, hay en él originalidad e inspiración, como lo demuestran precisamente todas sus interpretaciones que nos han presentado en Televisión «XEW» Canal 2. Además, no solamente hasta ahí alcanza a llegar la personalidad de Ninón Mondéjar, sino además, tiene

---

366. *Revista Cine Mundial*, «Ver y Oír», D.F. México, 12 de marzo de 1956.
367. Arriaga: Periódico *Última Hora*, D.F. México, 18 de marzo de 1956.
368. *Revista Guerra al Crimen*, D.F. México, 20 de marzo de 1956.

felices actuaciones con su Orquesta América en el Teatro Margo, de donde noche a noche nos presenta algunas de sus más bellas composiciones, mismas que sería largo citar, pero que seguramente nuestros lectores conocerán a través de su impresión musical en la radio, televisión y en el teatro. El público de México, de acuerdo con su sano criterio y en correspondencia a su brillante labor musical, lo ha consagrado en forma sincera, Ninón Mondéjar como compositor y director de Orquesta, ha cumplido en toda la línea. La originalidad de sus gustados chachachás, son una de las cualidades que lo han hecho triunfar, pues nuestro público gusta siempre de algo que le lleve novedad y atractivo, sin recurrir a moldes antiguos y pasados que ya todos conocemos y tenemos clavados entre ceja y veja. Ninón Mondéjar ha recorrido triunfalmente los principales teatros, radiodifusoras, clubes nocturnos y televisión de México y en todas las ocasiones en que se ha presentado, ha triunfado rotundamente. Por todas estas razones, tenemos la seguridad de que Ninón Mondéjar seguirá arrebatando, pues tiene la suficiente personalidad para lograrlo.[369]

La prensa, por ese mismo sentimiento de admiración a Mondéjar, le pide su valoración, respecto al nuevo ritmo que trata de entrar a México desde Dominicana. «La Orquesta América de Ninón Mondéjar acaba de regresar de una corta gira por la República Dominicana».[370] Por ello ante la pregunta de cómo valora su futuro, después de su vivencia en ese país, declara:

> *El ritmo merengue no tiene posibilidades de ser popular, el director orquestal Ninón Mondéjar dice que, en cambio, el chachachá continuará. El nuevo ritmo merengue con tanto furor en las Antillas y N.Y. no podrá progresar en México por tratarse de un baile sumamente complicado, aún más que su música. El chachachá seguirá imperando por muchos años.* Esta es la opinión de Ninón Mondéjar quien recientemente

---

[369] *Guía Comercial Insurgentes*, «Redacción», D.F. México, 15 de marzo de 1956.
[370] Rani-val, *Extras de Noticias*, «Multinotas», «Prensa Roja». 17 de marzo de 1956.

llegó de una gira por países del Caribe: *El merengue es un ritmo difícil, por lo que no creo llegue a colocarse, más que nada por tener como primer enemigo el chachachá.* Al mambo no le da ya ningún síntoma de vida y aseguró que ese ritmo ha sido olvidado totalmente.[371]

Gira a la frontera norte de México

La Orquesta América y sus éxitos son contratados, mediante el Sr. Rivera Conde de la RCA Victor, para varias presentaciones en la frontera norte de México y la propuesta de viajar a Nueva York y Los Ángeles en los Estados Unidos de América. Desde Veracruz hasta Tijuana, harían las delicias de los bailadores. En Torreón, Matamoros, Monterrey, Coahuila, Chihuahua y Tijuana fueron aclamados.

Desde que se anunciara tan extraordinario contrato se destacaba en, numerosos artículos y noticias: «Ninón Mondéjar con su Orquesta saldrá de gira por el Pacífico a fines de este mes».[372]

La *Revista Esto* resalta el periplo de actuaciones de la América:

Sale de gira Ninón Mondéjar». Gira al norte de México y al sur de los Estados Unidos. El próximo 7 de abril salen al norte del país al regreso volverán al Margo de donde salen ahora. Volverán al Margo una corta temporada para salir después, nuevamente, por 6 meses a una gira por Centro América. Ahora graban un acetato. Creo que el «Ruletero» va a gustar mucho. Es de esos que se meten en el ánimo de la gente, al igual que «Me pisaste un pie», de Ninón Mondéjar.[373]

Otras publicaciones periódicas no se quedan atrás y se hacen eco en sus páginas: «La Orquesta América con el *Pelón* Mondéjar sale vertiginosamente contratada para las fronteras, Ciudad Juárez, Chihuahua y Torreón».[374] «Ninón Mondéjar sale hoy con su or-

371. Periódico *Excelsior*, «Redacción», D.F. México, 16 de marzo de 1956.
372. Antonio Ortiz, *El Universal*, D.F. México, 17 de marzo de 1956.
373. *Revista Esto*, D.F. México, 27 de marzo de 1956.
374. *Revista Guerra al Crimen*, D.F. México, 27 de marzo de 1956.

questa a Veracruz para iniciar gira que terminará en Tijuana. A su regreso se presentará en la reapertura del Cervantes».[375] «Ninón con su orquesta este fin de semana a Veracruz y pronto saldrá a Nueva York».[376] «*Ninón Mondéjar sale de gira para Estados Unidos.* La Orquesta América saldrá en estos días al sur de E.U. La ausencia será corta. Tienen también propuestas para Centroamérica».[377] «Los morenos retintos integrantes de la Orquesta América emigraron el jueves pasado hacia Veracruz y después enfilarán al norte de la República».[378] «El *Pelón* Mondéjar ha visto cielo abierto por ciertos contratos a la frontera».[379]

La Orquesta América en el Aeropuerto de Chihuahua, abril 1956
Foto: Revista Guerra al Crimen

La melodía y ritmo contagioso del nuevo chachachá, que hace las delicias de los bailadores, es interpretado por la América, durante esta *tournée* a la frontera, «*tú no sabes bailar chachachá, ya me pisaste un pie…*», es el nuevo coro que se tararea por todos los bailadores.

[375.] *Revista Cine Mundial*, D.F. México, 29 de marzo de 1956.
[376.] Periódico *El Universal*, D.F. México, 29 de marzo de 1956.
[377.] Periódico *Excelsior*, D.F. México, 30 de marzo de 1956.
[378.] Revista *El Redondel*, D.F. México, 1ro. de abril de 1956.
[379.] Revista *Guerra al Crimen*, D.F. México, 3 de abril de 1956.

Me pisaste un pie[380]

Tú no sabes bailar chachachá,
Ya me pisaste un pie,
Tú no sabes bailar chachachá,
Ya me pisaste un pie.

Si tú no marcas, bien el compás,
No aprendes nunca, el chachachá,
Y lo que pasa, siempre al bailar,
Que me pisa los pies.

Tú no sabes bailar chachachá,
Ya me pisaste un pie,
Tú no sabes bailar chachachá,
Ya me pisaste un pie.

Porque no aprendes, bien a bailar,
Con este ritmo del chachachá,
Cual yo no puedo aguantar más,
Que me pisen los pies. ¡Ahí!

Tú no sabes bailar chachachá,
Ya me pisaste un pie,
Tú no sabes bailar chachachá,
Ya me pisaste un pie. ¡Ahí!

Un breve artículo, en la *Revista Cine*, llama estridentes y ruidosos los chachachás, pues con despecho critica que viajen a la Unión Americana, donde le harán competencia a Pérez Prado. «Antes de tomar por asalto EE.UU., visitará algunos estados del norte de México».[381]

El anuncio de otra película con la participación de la Orquesta América, ocupaba los titulares: «Calderón Films presenta *Club de señoritas* comedia con: Ninón Sevilla y Ramón Gay. Además: Vitola, Lupe Rivas Cacho, Maruja Griffel, Celia Viveros, Fedora Capdeville,

---

[380.] Ninón Mondéjar. «Me pisaste un pie», chachachá, Orquesta América, RCA Victor, México, 1956.
[381.] *Revista Cine*, D.F. México, 3 de abril de 1956.

Rebeca San Román, Margo, Oscar Pulido, Joaquín Pardové, Che Reyes, Ricardo Román, Ninón Mondéjar y su Orquesta América, Hnos. Reyes y Julián de Meriche. Director: Gilberto Martínez Solares».[382]

Los múltiples anuncios y destaques de su presencia durante esta gira, en cada ciudad, recogían la grandeza de los cubanos —en algunos lugares llamados *Los Reyes del Chachachá* y/o *su Majestad La América*— por su música: «Ninón Mondéjar y su orquesta cuy bana América con gran elenco artístico actúan en la Plaza de Toros Torreón, sábado 7 de abril a las 21:15 horas».[383] Un cartel rezaba: **«Matamoros. A las 9: 15 p.m. ¡Única Función! Ninón Mondéjar presenta su monumental Orquesta América de Cuba en la Cancha Municipal».**[384]

Y *El Sol:* «Monterrey. La Orquesta América se presentará hoy en el baile de la Asociación de Voleibol en el Salón del Círculo Mercantilista a la fantástica Orquesta América, creadora del chachachá».[385]

Otros medios destacaban: «Baile de Primavera, hoy en el Círculo Mercantil Mutualista de Monterrey, la recaudación será para el equipo Voleibol de México a los campeonatos Mundiales en París. Con la Orquesta América y Orquesta Femenina de Aurelio Campos y animará Pepe Hernández del Teatro Margo».[386]

«Coahuila. Anuncia la Orquesta cubana América de Ninón Mondéjar amenizará el baile en "El Palomar"».[387] «Chihuahua. El Cine Colonial anuncia. Sábado próximo ¡Único día! Ninón Mondéjar con su Orquesta cubana América. ¡Los verdaderos creadores del ritmo de moda chachachá!»[388]

«Tijuana. Anuncian actuación Orquesta América».[389] «Actúa Orquesta América y el Trío Los calaveras en el "21 Club" en su debut en esta ciudad».[390]

[382] Periódico *Excelsior*, Cine Olimpia (jueves 12), D.F. México, 10 de abril de 1956.
[383] Periódico *La Opinión*, Torreón, Coahuila, 6 de abril de 1956.
[384] Cartel de Promoción, Ciudad de Matamoros, miércoles 11 de abril de 1956.
[385] Periódico *El Sol*, Monterrey, sábado 14 de abril de 1956.
[386] Periódico *El Porvenir*, Monterrey, México, 14 de abril de 1956.
[387] *Periódico de Coahuila*, México, Coahuila, 26 de abril de 1956.
[388] Periódico *El Heraldo*, Chihuahua, México, jueves 26 de abril de 1956. P..5.
[389] *Revista Semanal*, Tijuana, Baja California, 14 de abril de 1956.
[390] *Revista Cine Mundial*, Tijuana, baja California, 27 de abril de 1956.

Las referencias en la prensa sobre la posible presencia de Mondéjar y su orquesta en Estados Unidos, como se había anunciado, han sido casi nulas, el propio Mondéjar en ninguna de sus entrevistas y declaraciones lo confirmó, la única información localizada nos las referencia Oney Cumba: «En 1956-57, yo fui testigo, y mira aquí la foto, en un programa de la TV en Hollywood donde está la América con Cuerpo de Baile Sans Souci, Las D´Aidas, Trío Taicuba, Sonia Calero. Y el Show de Sans Sousi en Nueva York en el programa de TV de Steve Alien».[391]

El público del distrito federal aguardaba con impaciencia el retorno de su Orquesta América: «Ninón Mondéjar y su Orquesta regresaron de una gira de 22 días por el Norte de la República».[392]

Durante su gira por el norte de México, Mondéjar enviaría un mensaje de felicitación al periódico *Última Hora*, que sería resaltado por ese rotativo: «Ninón Mondéjar con su orquesta cubana América. De su nativa Cuba llegó Ninón Mondéjar trayéndonos el candente ritmo del Cha-cha-chá. Actualmente al frente de su orquesta es una de las principales atracciones artísticas de México. Felicita a ULTIMA HORA en su séptimo aniversario».[393]

183

[391.] Oney Cumba. Músico, compositor, delegado del Sindicato Cubano de la Música en México, de 1954 al 1958. Entrevista del autor en su casa en la calzada de Guanabacoa. 2004.
[392.] Rafael Córdova Jr.:, periódico *La Prensa*, D.F. México, 8 de mayo de 1956.
[393.] Periódico *Última Hora*, D.F. México, 22 de abril de 1956.

NINON MONDÉJAR, EL JOMPY Y EL CHA CHA CHA

En los albores del año de 1954, cuando el mambo se encontraba en su ocaso y raras veces se escuchaba el estridente ritmo que vino a imponer y popularizar la "Foca" Dámaso Pérez Prado, la pausa musical de un nuevo baile vino a poner en calma (si así puede llamarse) nuestros destrozados nervios.

Este nuevo ritmo era el Cha cha chá.

El creador del Cha cha chá, el cubano Ninón Mondéjar, director de la Orquesta América, lo popularizó en nuestro país.

Sin embargo, tiempo después surgió otra orquesta que se dijo también creadora del Cha cha chá: la de Enrique Jorrín.

Cuando supimos esto, nos lanzamos a investigar la situación y supimos que Jorrín había sido músico de Ninón Mondéjar, quien debido a ciertas circunstancias que el mismo Jorrín originó, se vió obligado a separarse de su orquesta.

O sea que cuando Jorrín vino a México, quedaron frente a frente las orquestas de Ninón y Enrique y el público iba a decidir cuál de las dos era, efectivamente, la creadora del gustado baile.

Por supuesto, toda la razón correspondió a la Orquesta América de Ninón Mondéjar, quien además trajo de La Habana dos trofeos concedidos para testimoniar su calidad.

Aquí en México la Orquesta América ha cosechado numerosos éxitos. Obtuvo el Disco de Oro y el Premio de la Cadena Latinoamericana de Comentaristas de Discos.

En México, como en toda América, son ya varios los años que se baila el Cha cha chá, pues ha sido un ritmo que ha gustado mucho.

Pero ahora Ninón Mondéjar ha considerado que "ya estuvo bien" de Cha cha chá, y ya se ha lanzado a dar a conocer otro ritmo creado por el cubano director de la Orquesta América.

Este nuevo ritmo será conocido como el Jompy y es tan fácil de bailar como el Cha cha chá.

El Jompy será popularizado por la Orquesta América y estamos seguros que gustará mucho.

Así que todo mundo debe apresurarse a bailar Jompy, un ritmo tan inigualable como el del Cha cha chá.

HE aquí a los integrantes de la Orquesta América que tantos éxitos ha cosechado y su director Ninón Mondéjar muestra orgulloso los trofeos obtenidos.

EL JUMPY

Tu ausencia

Cómo noto tu ausencia,

Cómo te extraño,

me parece que hace un siglo que no te veo.

Hay vida mía como te extraño,

Es que no puedo vivir sin ti.

Ninón Mondéjar, bolero-chachachá / 1957

La entrega del disco de Oro 1955

El Teatro Margo, que había sido el emporio del chachachá y su dueño Félix Cervantes, de traerse a los cubanos de la Orquesta América a México, decide reconstruir el teatro, que después sería 185 renombrado Blanquita, la noticia explicaba: «Después de seis años cierra la Carpa Margo (Teatro) de Félix Cervantes para levantar nuevo Coliseo Moderno "Margo". La Orquesta América, Los Chavales de España, María Victoria, Ninón Sevilla, Chelo La Rué son artistas que ganaron fama allí».[394]

Uno de los más importantes premios que se otorga a un artista, premio Wurlitzer y Disco de Oro 1955 por el Comité Latinoamericano de expertos del disco, es entregado a la Orquesta América, por sus notables éxitos. Así se hace eco la prensa, una vez más, de los logros de la afamada agrupación: «La Orquesta más destacada del año: Orquesta América. La Cadena Latinoamericana de Comentaristas de Disco premia a la Orquesta América con la Categoría de Orquesta más destacada con la estatuilla femenina Premio Wurlitzer, lleva en sus manos una lira y una corona de laurel».[395]«Entregados premios1955 a Ninón Mondéjar, Pedro Vargas, Trío Avileños, etc».[396]

[394.] Periódico *Última Hora,* «Farándula». D.F. México, 13 de mayo de 1956.

[395.] *Revista Cine Mundial,* D.F. México, 8 de mayo de 1956.

[396.] Periódico *El Popular,* D.F. México, 17 mayo del 1956.

«La Orquesta América, el Conjunto más destacado del año 1955, entregó el Disco de Oro, Eduardo Batista, gerente de Panamericana del Disco».[397]

Retoma Mondéjar su propuesta y se plantea como principal propósito difundir personalmente el chachachá con su orquesta, en ese país y visita a Los Ángeles, ahora apoyados por el filme de Alianza Films: «Ninón Mondéjar hace planes para presentaciones en los Ángeles».[398]

Sobre ello apunta un recorte de prensa: Alianza Films presenta *Música en la noche,* película musical. Productor: Alfonso Paliño Gómez. Dirección musical: Sergio Guerrero. Fotografía: Alex Fhilip. Dirección: Tito Davison. Elenco: Carmen Amaya y su Ballet, Catherine Dunham y su Ballet, Georges Ulmer, El Ballet Theatre de New Cork con Lupe Serrano y John Kriza, María Victoria, Pedro Vargas, Tito Guizar, Lola Beltrán, Luis Alcaraz y su Orquesta, Corona

[397] *Revista Selecciones Musicales.* D.F. México, 18 de mayo de 1956.
[398] *Revista Cine Mundial,* D.F. México, 15 de junio de 1956.

y Arau, El Ballet de Chelo la Rué, Evangelina Elizondo y su Orquesta, Rino Valdarno, Colombia, El Ballet de Tito Leduc, Los Bribones, Boby Capó, Amalia Aguilar, Virginia Core, La Orquesta América de Ninón Mondéjar, El Mariachi México, Ana Belle Gutiérrez, Nono Arzu, Miguel Manzano y Vordaguer.[399]

El periódico *Opinión* destaca en sus páginas: «Como parte de la campaña de promoción de la Orquesta América y el Chachachá: En el Teatro Maya estrenan *Música en la Noche,* Película Musical con la Orquesta América».[400]

Se desarrollan dos importantes concursos de baile en ciudad México con la participación de la orquesta de Mondéjar:

> Hoy domingo a las 5 p.m. en el Arena México, ¡Sigue la variedad! María Félix, Miguel Aceves Mejías, Mariachi Silvestre Vargas, Ballet Español de Marianela de Montijo, Los Panchitos, Los Silva, Viruta y Capulina. Inauguración del

399. Recorte de prensa no identificado, Cine Alameda, D.F. México, junio de 1956.
400. Periódico *Opinión,* Los Ángeles, California, 24 de junio de 1956.

Campeonato Internacional de Bailes, primera competencia chachachá con la sensacional Orquesta América de Ninón Mondéjar vs Venus Rey.[401]

Otro suelto de prensa se referiría al mismo evento: «*Éxito del Concurso de Chachachá en el Cervantes. Actúa la Orquesta América la creadora del mundialmente famoso chachachá, el único baile que a través de la historia ha logrado imponerse en todas las latitudes*».[402]

La orquesta es contratada para nuevos festejos en la ciudad de Poza Rica en Hidalgo, de los ecos de sus actuaciones se reflejó en la prensa algunos momentos: «Para próximas fechas, Programa Semanal, su propietario Manuel Marín presentará en su grandioso baile de Aniversario a la Orquesta América, iniciadora del chachachá en México».[403] «En los salones de la distribuidora "Corona" Orquesta América con su cantante Leo Soto y su bailarín Julián». «En el 1. Aniversario del Society Club. Hotel Poza Rica, de Ramón Hernández M».[404] «*¡¡Invasión en la ciudad Poza Rica!! Actuó la*

[401.] *Revista Novedades,* D.F. México, 8 de Julio de 1956.

[402.] Recorte de prensa no identificado, D.F. México, 5 de agosto de 1956.

[403.] Recorte de prensa no identificado, Poza Rica de Hidalgo (Hgo), Veracruz, 2 de agosto de 1956.

[404.] *Ibid.*, Veracruz, 11 de agosto de 1956.

Orquesta América con el tema "Los Marcianos". Chachachá un nombre que siempre estará ligado al de Ninón Mondéjar y su Orquesta América. La primera gira por el interior de la República era de un mes y se extendió por dos para satisfacer al público. "El Túnel," "Dime Chinita", "Nocturnando" y otras, se han hecho populares!»[405] «Club Pavillón Orquesta América».[406]

Cuando retorna de las prestaciones por el estado de Veracruz, y antes de una breve visita a La Habana, Ninón Mondéjar, se presenta de nuevo en México: «Actúa la Orquesta América en la cena dada por el Sindicato y la Confederación de trabajadores de México».[407] Durante esta actuación le hacen notar a Ninón Mondéjar que la permanencia de los músicos cubanos en México puede verse en peligro, debido al incumplimiento por parte del Sindicato de su país, de los acuerdos contraídos para el intercambio bilateral logrado en 1954 y del cual Mondéjar había sido principal promotor, por ello viaja a La Habana. El periódico *Excélsior* confirmaba este motivo: «Por cierto, que Ninón Mondéjar, director del conjunto cubano, acaba de regresar de su patria. Fue a tratar de que se cumpla el convenio de intercambio de músicos».Y además señalaba: «Augusto Barcia, quien toca la "torola" en la Orquesta América, está feliz por el nacimiento de su hijo. Dice que es un mexicanito ciento por ciento».[408] A su regreso, se le ve acompañado del violinista cubano, Félix, *Pupy*, Lagarreta, que se incorpora a su orquesta: «Félix, *Pupy*, Legarreta: [...] "Y entonces yo me fui pa' México con la Orquesta América"».[409]

El chachachá y el rock´n roll, una nueva disputa bailable

La Orquesta América prepara los festejos por el tercer aniversario de su llegada a México y por los muchos éxitos que siguen cosechando; entre actuaciones y premios continúan causando sensación entre los bailadores. «Celebran fiesta por el 3. aniversario del arribo a

189

405. *Ibid.*
406. *Ibid.*, 19 de agosto de 1956.
407. Recorte de prensa no identificado, D.F. México, agosto de 1956.
408. Periódico *Excelsior*, D.F México, 1ro. de septiembre de 1956.
409. José Arteaga, «Tras la pista de Gonzalo Fernández» (basada en información de la Colección Gladys Palmera), (7 de enero 2016), Consultado 28 de julio 2019.https://gladyspalmera.com/la-hora-faniatica/tras-la-pista-de-gonzalo-fernandez/.

México de la Orquesta América de Ninón Mondéjar».[410] El festejo se efectuó en el Teatro Cervantes, con la compañía de Ninón Sevilla, Ballet de Ricardo Luna, entre muchos invitados. Vistiendo las típicas «guaracheras cubanas», hicieron un recorrido por todos los éxitos musicales desde su llegada hace dos años.

De manera repentina Mondéjar es ingresado por un fuerte dolor y operado de urgencia, felizmente sale airoso de su ingreso:

> «Dejó el Sanatorio Ninón Mondéjar». Ayer abandonó el sanatorio el director de orquesta Ninón Mondéjar, después de ser operado de apendicitis. El director de la Orquesta cubana América, informó que a fines del mes de enero próximo (1957), saldrá con su conjunto a La Habana para actuar durante el mes de marzo en las fiestas de Carnaval, terminando así la temporada de presentaciones en México, la que se inició en noviembre de 1954.[411]

190 Anuncia Ninón, realizará gira por los estados de México.[412]

Al recuperarse y salir del hospital, el maestro Mondéjar movido por los sentimientos hacia su queridísima esposa, Fela, se inspira y le dedica un chachachá, arreglado por Félix Reina y grabado posteriormente por la orquesta:

> **Tu ausencia**[413]
> **Autor:** Ninón Mondéjar.
> **Género:** Chachachá.

> *Cómo noto tu ausencia cómo te extraño,*
> *Me parece que hace un siglo que no te veo,*
> *Unos días no más son lo bastante,*
> *Para poder comprender,*
> *que ya no puedo vivir sin ti,*

410. Periódico *Excelsior,* D.F. México, 6 de septiembre 1956.
411. *Revista Cine Mundial*, D.F. México, 9 de octubre de 1956.
412. *Revista Cine Mundial*, D.F. México, 5 noviembre de 1956.
413. Ninón Mondéjar. «Tu Ausencia» (*Your Absence*), chachachá, RCA Victor, 23-7155 / G2ZB-9232, Ninón Mondéjar y su Orquesta América, grabado en México (G2ZB9232 11/6/56 V 23-7155 Me), grabación cortesía de Sergio Santana.

que has hecho en mi existir,
yo nunca he sido así,
Y hoy tengo que exclamar por ti,
Cómo noto tu ausencia,
Cómo te extraño,
me parece que hace un siglo que no te veo.

Coro:
Hay vida mía cómo te extraño,
Es que no puedo vivir sin ti.

El céntrico estado de Guanajuato como parte de la fiesta patria invita a la cubanísima Orquesta América, viajando hasta el pintoresco municipio Irapuato: «"Conmemoración del XLVI Aniversario de la Revolución. Organizado en la Presidencia Municipal. Gran Baile". Por primera vez en el Irapuato Ninón Mondéjar su Orquesta América auténtica creadora del chachachá y ganadora del Disco de Oro durante 2 años».[414]

El incansable Ninón Mondéjar, ahora se dispone a un nuevo 191 enfrentamiento con la llegada de un novedoso baile de moda en Estados Unidos, que amenaza con expandirse a otras latitudes, el *rock and roll*, al cual también venció en territorio azteca, pues este baile en boga, no tuvo la aceptación que se esperaba en el público bailador. En sus declaraciones al importante periódico *El Zócalo* comentaba:

> ¡La muerte chico! Guerra a muerte entre el chachachá y el rock´n roll. El rock´n roll no pegará en México, es la opinión seca y cortante que tiene del nuevo ritmo el director de Orquesta Ninón Mondéjar. Las razones, son varias, entre las que se destaca, la falta de ritmo auténtico del «rock´n roll» que está hecho con algo de «bugui-bugui"» de «swing» y de «jitterburg». Más que un ritmo es una forma de bailar. Lo complicado de los pasos, inaccesibles para la mayoría del público e impropio para bailarse en salones, son otros de los inconvenientes de dicha danza. Mientras tanto, la venta

414. Recorte de prensa no identificado, Ciudad de Irapuato, 20 de noviembre de 1956.

de discos, conteniendo chachachás, se mantiene firme. Más reciente son los acetatos conteniendo «Tu ausencia» y «Para que lo bailen todos» de Félix Reina por la Orquesta América. Los chachachás que ya se encuentran en el mercado, son: «La secretaria», «El ruletero», y «En tu corazón» con buenas ventas. El rock´n roll no durará ni el primer round en la pelea con el chachachá.[415]

El timbalero, Augusto Barcia, y entrañable compañero de Ninón Mondéjar, se inspira en esta rivalidad, creando un nuevo tema musical como respuesta a la llegada del rock´n roll a México, grabado para la RCA Victor.

Sin rival mi chachachá [416]
Autor: Augusto Barcia
Género: Chachachá

Ha nacido un nuevo ritmo,
Que se llama rock´n roll,
Pero ya los bailadores,
chachachá quieren bailar,
Se cansan saltando,
El ritmo del rock´n roll,
Se olvidan gozando,
Al compás del chachachá,
Suavecito, despacito,
El compás deben llevar,
Este ritmo cadencioso,
Nunca encontrará rival.

A cantar a bailar chachachá,
Este ritmo nunca lo podrás olvidar (coro)

[415.] *Revista El Zócalo*, D.F. México, 25 de noviembre de 1956.
[416.] Augusto Barcia. «Sin rival mi chachachá», chachachá, Ninón Mondéjar, *El rey del chachachá*. RCA Víctor. LP - MKL 1099 /Lado 1. Ninón Mondéjar y su Orquesta América, grabado en México, grabación cortesía de Sergio Santana.

La Lotería Nacional en su emisión del 7 diciembre invita a Ninón Mondéjar a seleccionar los premios, valorados en 4 millones, sobre su participación se anunciaba: «El chachachá colocó de un brinco a este gran Ninón. Dio el PINATAZO en el cincuenta y cinco al descubrir la América con su vacilón. Participa Ninón director de la Gran América en la selección del sorteo de la Lotería Nacional».[417]

Continúa la prensa escrita mexicana subrayando en sus líneas: «La Orquesta América amarró ya estar seis meses más aquí al firmar una prórroga en el Centro Nocturno (Cervantes), donde viene presentándose con el ritmo del Chachachá».[418]«"Ninón Mondéjar". El planísimo y chachachero Ninón Mondéjar cumplió tres años de actuar con su Orquesta América, motivo por el cual le fue entregado un trofeo».[419] En realidad, son dos años desde su llegada a México en noviembre de 1954, pero todos consideraban los años 1954, 1955 y este 1956.

El afamado Hotel Astoria, reconocido por su lujo y las actuaciones de artistas de talla internacional, firma un contrato por una larga temporada con la Orquesta América, allí se destacaba la presencia de Miguelito Valdés, entre otros afamados músicos cubanos, las presentaciones de la orquesta de Mondéjar serían una atracción, que mantendría las capacidades vendidas al máximo, solo interrumpidas por algunas giras fuera del Distrito Federal a lo largo de los dos próximos años, 1957 al 1958. «La Orquesta América de Ninón Mondéjar actúa en el Hotel Astoria de Ciudad México».[420] Y continúa su presencia en la radio: «Ninón Mondéjar realiza presentaciones en la emisora de Radio XEQ».[421]

[417.] Periódico *El Universal Gráfico*, D.F. México, 7 de diciembre de 1956, p. 15.

[418.] Prisciliano, *Revista Novedades*, TV-Radiopolis, 7 de diciembre de 1956.

[419.] Recorte de prensa no identificado, D.F. México, 29 de diciembre de 1956.

[420.] Recorte de prensa no identificado, D.F. México, 11 de enero 1957.

[421.] *Revista Cine Mundial*, D.F. México, 17 febrero del 1957.

Actuación en el Hotel Astoria, México, 11 de enero de 1957

El maestro Mondéjar y su nuevo ritmo jumpy

La Orquesta América, que viene presentándose desde el mes de febrero en el Cabaret El Burro, anuncia estreno de nuevo espectáculo: *«El centro nocturno El Burro estrena la Revista Musical Al ritmo del chachachá, del coreógrafo Oscar y un cuerpo de baile junto a la Orquesta América con su tumbador Julián, "El terror del chachachá" y la pareja de baile Chiquita y Oscar».*[422]

En gesto de solidaridad, varios artistas, entre ellos la orquesta de Ninón, realizan actuaciones en apoyo a la recaudación de fondos para salvar de la bancarrota al emblemático Teatro Cervantes:

> «Peligra la temporada del Cervantes» También la Orquesta América de Ninón Mondéjar, ha acudido al llamado de los cooperativistas del Cervantes. Se presentan en dicho coliseo, al igual que María de Lourdes, Los Duendes, Los Bronco, Venegas y otros artistas, sin cobrar un solo centavo para evitar el cierre de una fuente de empleo. Notable gesto de Ninón Mondéjar y todos los artistas que se han sumado a tan noble tarea.[423]

[422.] Recorte de prensa no identificado, D.F. México, mayo-junio de 1957.
[423.] Periódico *Excelsior*, D.F. México, 10 de marzo de 1957.

Cuando parecía que el chachachá empezaba a saturar el ambiente musical de México, Mondéjar y su orquesta, se mantenían con la bandera contra toda nueva moda bailable por la defensa de sus muchachos, ahora se inspira y, guiado por los deseos de los bailadores, se reinventa a sí mismo, creando un nuevo ritmo bailable y popular, el jumpy. Su repercusión es recogida por la prensa: «Ninón Mondéjar, el introductor del chachachá en México, a través de su orquesta acaba de lanzar un nuevo ritmo con el que espera obtener el mismo éxito. Se trata del jumpy y ya Luis Demetrio y Leo Acosta acaban de grabar, a dúo, las dos primeras melodías que se han compuesto. Ya veremos en qué consiste el nuevo ruido».[424]

El rotativo *Última Hora* anuncia la aparición del novedoso ritmo:

> «Ninón Mondéjar lanza nuevo ritmo: Jumpy». Ninón director de la Orquesta América e introductor del chachachá en México acaba de lanzar un nuevo ritmo, más alegre y más lento. Se trata del jumpy. Algo así como saltitos y espera obtener el mismo éxito que el chachachá. Para empezar, ya llevó a los acetatos varios números con su Orquesta y cantados a dueto por Luis Demetrio y Leo Soto, entre ellas: «Las flores del Pedregal», «Sin agitación», «A escondidas», «Aunque me cueste la vida», «Huapacheando» y «Sin rival, mi chachachá».[425]

El tema que inicia el jumpy —nueva creación de Mondéjar—, es llevado al pentagrama por su amigo y compositor musical de la Orquesta América, el gran Félix Reina. Lo peculiar de este ritmo es que se caracteriza por el rayado del güiro, el tintineo de la campana del timbal y es mucho más cadencioso que el chachachá, con mayor influencia del son cubano en su combinación rítmica en el contrabajo y la tumbadora y melodiosa del canto.

195

---

424. Arriaga, *Revista Cine Mundial*, «Anda», 6 de marzo de 1957.
425. Periódico *Última Hora*, D.F. México, 10 de marzo de 1957.

Las flores del Pedregal [426]
Autor: Ninón Mondéjar.
Género: Jumpy

Estas sí son flores, las de mi pajal,
De un paja*l que tengo, a orilla del Pedregal,*
De un pajal que tengo, a orilla del Pedregal.
De todos los colores, yo tengo un rosal,
Estas sí son flores, la que tengo en mi nacal,
Estas sí son flores, la que tengo en mi nacal.

Flores a mi amada le voy a buscar,
Yo no quiero flores si no son del Pedregal,
Yo no quiero flores si no son del Pedregal.

Yo no quiero flores si no son del Pedregal,
Yo no quiero flores si no son del Pedregal (coro)

196 Nuevas presentaciones en el sur del país, llevan a la orquesta por varias ciudades: «Ayer salió a provincia a realizar una gira por espacio de una semana la Orquesta América, actuarán en Coatzacoalco, Minatitlán, Veracruz, Chiapas, San Andrés, Tuxtlán, Villahermosa y Tab. (Tabasco). Las provincias escucharán cha… y el nuevo ritmo de Ninón: El jumpy».[427]

Sobre otro momento comenta también *Última Hora*: «Después de realizar una breve pero exitosa gira por el sur de la República, actuaron en Coatzacoalcos, Minatitlán, Veracruz, Las Chiapas, Villahermosa y Tab. Ahora Ninón Mondéjar se dispone a lanzar su nuevo ritmo de género bailable denominado jumpy (un ritmo muy bailable, accesible y tropical) para darle batalla al calipso».[428]

Al regreso, se ven formando parte del elenco que participa del Homenaje a Carmen Montejo en el teatro del Músico: «Actúan

[426.] Ninón Mondéjar. «Las flores del Pedregal» (*PrettyFlawers*), ritmo jumpy, RCA Victor. 23-7217 / G2ZB–9540 (1 S). *Ninón Mondéjar y su Orquesta América*, grabado en México (G2ZB9540 12/20/56 V 23-7217 Me), grabación cortesía de Sergio Santana.
[427.] Periódico *Última Hora*, D.F. México, 17 de marzo del 1957.
[428.] *Ibid*, 24 marzo de 1957.

junto a Ninón Sevilla, Pedro Vargas, Paquita de la Ronda, Lucho Gatica y Anita Blanch».[429]

La prensa sigue solicitando a Mondéjar su opinión por el nuevo ritmo jumpy y las interrogantes de su aparición, y si el chachachá sigue triunfando, por ello es entrevistado por el periódico *Excelsior*, bajo el título «Según su creador, el chachachá ha perdido ya popularidad»:

> Ninón Mondéjar asegura que otro ritmo se impondrá. El chachachá considerado por Ninón Mondéjar como el ritmo cubano de mayor éxito hasta la fecha, ha dejado de tener el auge que le ha acompañado desde el 1954. Es la opinión del propio Mondéjar, a quien se le da primicia como creador de aquel ritmo. Dice también que «pasará mucho tiempo para que llegue otra música de ese género a impresionar a los bailadores del mundo. Hace 15 años comencé a tocar los danzones cantados con mi Orquesta América. De los montunos de ese ritmo, fue que se me ocurrió hacer ese ritmo propio, al que puse por nombre Chachachá, porque lo sugirió el instrumento conocido por güiro, ya que es el sonido que hace al tocar esos montunos. No tiene nada de raro que muchos me peleen la paternidad del ritmo -expresó- pues cuando algo pega es lo más natural».[430]

«La RCA Victor produce la música de la Orquesta América».[431] Por ello ahora realizan las grabaciones del nuevo ritmo jumpy, la nueva creación de Ninón Mondéjar y su Orquesta América, que ya se va difundiendo y enamorando a los bailadores.

Titulares de prensa enfatizan: «Entrevistado Ninón Mondéjar por la emisora de Radio XEQ por Paco Castillo sobre el nuevo ritmo jumpy que ya ha comenzado a desbancar al calipso».[432] «Mondéjar hablará de Jumpy en entrevista».[433]

197

429. Periódico *El Popular*, D.F. México, 24 de marzo 1957.
430. Periódico *Excelsior*, D.F. México, 24 de marzo de 1957.
431. *Ibid.*, 28 de marzo 1957.
432. Recorte de periódico no identificado, D.F. México, 31 de marzo del 1957.
433. Periódico *Última Hora*, D.F. México, 31 de marzo del 1957.

Entrevista a Ninón Mondéjar en la emisora de Radio XEQ por Paco Castillo, 31 de marzo de 1957

198   «*Ninón Mondéjar el jumpy y el chachachá*», anuncia en su titular del siguiente artículo la *Revista Canciones de América*:
Las páginas de la publicación periódica *Última Hora* subrayan:

> El auge del jumpy el nuevo ritmo de Ninón ha comenzado en la capital. Los primeros acetatos han sido muy solicitados por el público que gusta de la música bailable. Y para tal efecto, la casa discográfica que tiene la exclusividad a Ninón, le ha solicitado más Jumpy en virtud de la demanda los mismos que han comenzado a ser elaborados por el propio Ninón Mondéjar para llevarlos a los acetatos.[434]

El periodista cubano Juan A. Ordoqui realiza una entrevista a Ninón en el Club nocturno El Burro, sito en la calle Porfirio Parra nro. 35, a la que tituló «Orquesta América de Ninón Mondéjar con su cantante Leo y su bailarín Julián». El periodista comentaba refiriéndose al éxito de la orquesta en Cuba:

[434.] Periódico *Última hora*, D.F. México, 7 de abril 1957.

La Orquesta América es la única que ha logrado en un tiempo récord adueñarse de la calle en forma total. Y adueñarse del aire, pues todos los radios tenían música de la Orquesta América. Su última creación, que está causando furor en México y que será conocido en Cuba, es el jumpy (yompy) y del que ha compuesto un número titulado: «Flores del Pedregal», dedicado a uno de los barrios residenciales más lujosos y exclusivos de la capital azteca. Jumpy en inglés quiere decir saltar, brincar y en el ritmo de la Orquesta América puede traducirse por sabrosura, ritmo dulzón…ritmo de la América de Ninón Mondéjar. Y en el nuevo ritmo de la típica combinación de la trilogía que forman el güiro, la tumba y el timbal, estos hacen algo nuevo, que solo oyéndolo se puede comprender.[435]

Reafirmando su inspiración por el nuevo ritmo jumpy, aparece una nueva obra de Mondéjar, llevada al disco por la RCA Victor:

Jompy del amor[436]
Autor: Ninón Mondéjar
Género: Jumpy

Este es mi yompy, yompy del amor,
Bailando mi yompy y se olvida el dolor (coro)

Ya yo no quiero riquezas,
ni quiero felicidad,
Me conformo con la pena,
que tu cariño me da.

Este es mi yompy, yompy del amor,
Bailando mi yompy y se olvida el dolor (coro)

435. Juan A. Ordoqui. Recorte de prensa no identificado, La Habana, Cuba, junio de 1957.
436. Ninón Mondéjar. «Jompy del amor», género: jumpy. *Ninón Mondéjar, El rey del chacha-chá*. RCA Victor. LP - MKL 1099 / Lado 1. *Ninón Mondéjar y su Orquesta América*, grabado en México (H2ZB4623 5/21/57 V 23-7287 Me), grabación cortesía de Sergio Santana.

Dicen que no hay pena dulce,
yo digo que no es verdad,
Yo se dé una pena dulce,
y es la que tu amor me da, ¡ay, chinita!

Este es mi yompy, yompy del amor,
Bailando mi yompy y se olvida el dolor (coro)

Me está matando la angustia,
Al ver nuestro amor perdido,
Dios quiera que tu no sufras,
Lo que yo por ti he sufrido, ¡ay, chinita!

Este es mi yompy, yompy del amor,
Bailando mi yompy y se olvida el dolor (coro)

En estos momentos, junio de 1957, en que se lanza el jumpy, la Orquesta América estaba integrada por once músicos: Félix Reina, violín y compositor; Alejandro Sosa, pianista; Julián, bailarín y tumbadora; Augusto Barcia, timbal; Leo Soto, cantante; Elizardo Aroche, violinista; Rolando Lozano y Clemente Lozano, flauta; Félix, *Pupy*, Lagarreta, violín; Armando Flores, contrabajo (mexicano); Ninón Mondéjar, director y cantante.

A finales de julio, se produce un intenso movimiento telúrico con epicentro en el puerto de Acapulco, en la costa del Estado de Guerrero y el Distrito Federal, que hace regresar a La Habana a Pupy Lagarreta; aunque él aseguró, que la orquesta se desintegra; en realidad, fue una pausa por los días de recuperación del trágico terremoto, pues Mondéjar retoma los ensayos y prepara todo el repertorio para salir a cumplir contratos a Veracruz. Félix, *Pupy*, Lagarreta: «[…] Pero hubo un terremoto grande en México (el terremoto del Ángel el 28 de julio de 1957) y la Orquesta América se desarmó"».[437]

[437.] José Arteaga, «Tras la pista de Gonzalo Fernández» (basada en información de la Colección Gladys Palmera) (7 de enero 2016), consultado 28 de julio 2019.https://gladyspalmera.com/la-hora-faniatica/tras-la-pista-de-gonzalo-fernandez/.

Celebrando tres años de éxitos en México

Al finalizar su temporada en el Centro Nocturno El Burro, que se prolongó por seis meses, realizan una gira por Veracruz, Reinosa, Tampico y otras ciudades, durante el mes de septiembre, las noticias que recogieron algunos de estos momentos, comentaban:

> […] bailable con la Orquesta América en las Terrazas del Hotel Macambo, baile en beneficio de la Universidad Femenina de Veracruz-Llave. Tocará en la fiesta, la

gran Orquesta América que dirige el notable arreglista y compositor antillano Ninón Mondéjar. Este grupo es triunfador de los ritmos tropicales y creador del «chachachá», música que vino a revolucionar este tipo de melodías por su armonía y cadencia y que ahora lanza su moderno baile «jompy», que seguramente gustará mucho a los concurrentes al sarao. La Orquesta América tiene varios años de encontrarse en nuestro país, con residencia en el Distrito Federal, esta es la tercera y última vez que vendrá al puerto con motivo de que próximamente retornará con todos sus integrantes a su tierra natal, La Habana, Cuba.[438]

Otras notoicias ranunciaban: «Actuación especial para la Sociedad Veracruzana en el Teatro Estudio de la estación difusora XETF y XEFT a las 18:30 p.m.».[439]«Actuará en las Terrazas del Parque España la América junto al Conjunto Tropical Anacaona, que dirige el maestro Federico Sánchez».[440] «Y sin otro comentario se dice que actúan en: Centro Social "El Patio". Reynosa, Tamps».[441]

A su regreso de Veracruz —debido a que el violinista cubano Félix, *Pupy*, Lagarreta sale de la agrupación y Alejandro Sosa decide

[438]. Periódico *El Dictamen*, Veracruz, 30 de agosto de 1957.
[439]. *Ibid*, Sábado, 31 de agosto de 1957.
[440]. Periódico *El Dictamen*, Veracruz, 1ro. de septiembre de 1957.
[441]. Recorte de periódico no identificado, martes, 16 de septiembre de 1957.

hacer su propia orquesta—, Ninón Mondéjar se ve precisado a poner una pausa y a buscar nuevos músicos para reestructurar la orquesta, con el fin de cumplir algunos compromisos pendientes. Ahora suma a la nómina a un carismático pianista, conocido como *Apazote,* y al cantante Romelio, ambos cubanos que radicaban en México.

Entrega a Ninón Mondéjar y su orquesta América los trofeos Tres años de éxitos en México y La Musa de la Fama de Radiolandia. Fue realizada por Mariano Rivera Conde gerente de la RCA Victor

En octubre viaja a La Habana: «Misterioso y sorpresivo viaje de Ninón Mondéjar a La Habana, Cuba. Anteayer tomó avión y les dijo a sus músicos: "regreso en una semana…"»[442]

Al volver de La Habana y por segunda ocasión reciben la *Musa* y un nuevo trofeo:

> Se le entrega a Ninón Mondéjar y su Orquesta América los trofeos *Tres años de éxitos en México* y *La Musa de la Fama de Radiolandia*, la entrega del trofeo fue realizada por Mariano Rivera Conde, gerente de la RCA Victor, casa discográfica de la que son artistas exclusivos. Recibieron el merecido trofeo junto a Ninón, Félix Reina, Apasote (pianista), Rogelio (cantante), estos recién incorporados, y demás integrantes.[443]

---

[442] Recorte de periódico no identificado, D.F. México, 11 de octubre del 1957.
[443] Recorte de periódico no identificado, D.F. México, 13 de noviembre 1957.

Otras noticias reseñan los éxitos de la América: «Actúa la América en el programa de TV *Variedades de Medianoche* con su alegría musical moderna junto a Aracelia Carnale que bailó chachachá y jompy».[444] «Los Estudios de filmación cinematográficos, Peli-Mex estrenan la película: *Una lección de amor*. Un delicioso lío amoroso que tuvo su feliz desenlace en la alegre ciudad de La Habana. Con Cristian Martel, Carlos Navarro, Raúl Martínez, Enrique Rambla y la Orquesta América».[445]

[444.] Recorte de periódico no identificado, D.F. México, 25 de noviembre 1957.

[445.] Recorte de prensa no identificado, D.F. México, 1957.

Programa de TV-3 Variedades de Medianoche. *Ninón, Félix Reina, Apasote (pianista), Romelio (cantante), Chuchú, timbales, estos recién incorporados, Julián, bailarín y tumbadora. Elizardo Aroche, violinista. Rolando Lozano y Clemente Lozano, Flauta. Armando flores, contrabajo (Mexicano). Leo Soto, cantante y güiro*

Escena de la película Una Lección de Amor *que recrea el escenario del famoso Cabaret Tropicana de la Habana. Al fondo la orquesta América, 1957*

206 El jumpy se consolida y la América se renueva

El nuevo año de 1958 sería decisivo para la Orquesta América y su destino musical en México, pues las noticias que llegaban de Cuba, hacían prever el final de la guerra revolucionaria encabezada por Fidel Castro y el movimiento 26 de julio en la isla. Victoria tras victoria en la Sierra Maestra y las conspiraciones generalizadas, hacían tambalear al ejército y al gobierno del tirano Fulgencio Batista. Todas estas noticias eran seguidas con interés por los integrantes de la Orquesta América y en particular, por Mondéjar y Barcia, que mantenían una estrecha relación con el dirigente sindical cubano, Lázaro Peña. El líder obrero junto a su esposa, la compositora Tania Castellanos, mantenía vínculos, desde México, con La Habana y los revolucionarios que permanecían fuera de la isla. Mientras estos sucesos acaecían en Cuba, en territorio azteca, Ninón y su orquesta resistían el embate de la competencia que intentaba desplazarlos, pues como el mismo Mondéjar había vaticinado, el chachachá languidecía en su éxito y él y su orquesta trataban de imponer el jumpy. La idea de retornar a Cuba era comentada y preparada una y otra vez y, aunque algunos integrantes de la orquesta no lo comprendían, otros ya pensaban que era hora de regresar. Todo esto hacía pensar a los músicos de la agrupación, que había inestabilidad y era momento de que cada cual decidiera su camino. Pero, sí, todos estaban convencidos de la necesidad de continuar cosechando éxitos y de trabajar, haciendo lo que sabían: música para bailar.

El inicio del nuevo año era celebrado en casa de Ninón: «Fiesta en casa de Ninón con la presencia de Mariano Rivera Conde, en la guitarra, y de Miguelito Valdés, en la voz». La prensa elogia la comida: (ñame, tasajo y congrí).[446]

Una vez más, haciendo gala de su agradecimiento a la prensa: «Felicita Ninón Mondéjar al *Excelsior* por su aniversario. Actuó en la Fiesta de Celebración».[447]

Una actuación realizaría en apoyo a la difusión de un mensaje de Fidel al mundo: «La Orquesta América de Ninón Mondéjar actuó en la Velada artística, en el local del Sindicato de Electricistas de México, durante la exhibición de la película-documental del norteamericano Mattios, en su entrevista a Fidel Castro en la Sierra Maestra el 28 de enero de 1958».[448]

Poco después de esta actuación, decide tomarse unas vacaciones, junto a sus muchachos, en La Habana, como estrategia para observar y desarrollar actividades de promoción en territorio cubano, al tiempo que «realizar mis contactos con mis amigos del movimiento 26 de julio […] y preparar el ambiente para el regreso. […] ¡Porque Fidel bajaría de la Sierra y seguro entraba a La Habana! […] Oiga… ¡Eso no había duda! Por eso Barcia se tuvo que quedar aquí cuando vinimos».[449]

«Anacario, *Ninón*, Mondéjar volará hoy rumbo a La Habana, Cuba, para incorporarse al ambiente artístico del país. En México deja muchos amigos y un buen recuerdo».[450]

En esta ocasión Félix Lagarreta da su testimonio de la visita realizada por Ninón a La Habana:

446. *Revista Redondel*, «Mi columna», D.F. México, 12 de enero de 1958.
447. Periódico *Excelsior*, «Últimas Noticias», 27 de enero de 1958.
448. Recorte de periódico no identificado, D.F. México, febrero de 1958.
449. Ninón Mondéjar. Conversación en su casa con el autor, abril, 2005.
450. Periódico *Excelsior*, «Últimas Noticias», 4 de febrero de 1958.

[...] Ninón Mondéjar llegó a La Habana buscando músicos y me dijo: «Pupi, necesitamos un timbalero y un flautista». Yo recomendé a Gonzalo Fernández y a Chuchú (Jesús Esquijarrosa), que era el timbalero de la Orquesta Sensación. [...] Entonces nos fuimos a México otra vez. Yo fui que me lo llevé pa' México a él (se refiere a Gonzalo) y a Chuchú. [...].[451]

Visita Ninón a emisora Radio Progreso a su regreso de México, marzo 1958. Revista Bohemia

De vuelta a México, reorganiza la orquesta, refuerza con otros nuevos músicos, y reinicia sus actuaciones afianzando su ritmo jumpy: «Ninón regresa a México, pero su mano derecha y arreglista musical, Félix Reina, movido por la nostalgia y unido a los cambios de Ninón del chachachá por el jumpy, con los que no estaba de acuerdo, hacen que se quede en La Habana y funde su propia orquesta Estrellas Cubanas».[452]

[451.] José Arteaga, «Tras la pista de Gonzalo Fernández» (basada en información de la Colección Gladys Palmera) (7 de enero 2016), consultado 28 de julio 2019.https://gladyspalmera.com/la-hora-faniatica/tras-la-pista-de-gonzalo-fernandez/.
[452.] Recorte de periódico no identificado, D.F. México, 4 de marzo 1958.

«La orquesta Estrellas Cubanas surge de la orquesta de Fajardo cuando regresó de Japón».[453]

Ahora es anunciada la reaparición de Mondéjar con su orquesta, en suelo mexicano:

>«*Otra vez la Orquesta América*». *Ninón Mondéjar al frente de su Orquesta América, nuevamente se encuentra en México, después de un pequeño descanso de 30 días. Y, como siempre, tratando de agradar a los que gustan escuchar su música, importó directamente de* La Habana, Cuba, nuevos filarmónicos para reforzar su orquesta. En la gráfica, aparecen con el creador del Chachachá, Félix Lagarreta, violín y «Chuchú», destacado conductor de la «Torolas». Con ambos y otros más, Mondéjar reapareció con su orquesta en Tío Sam, junto a Salvador Rubio, La Vedettes: Linda Mendoza, Josefina Castañeda, Emma Martín, y Katy Knapp; y La Azolea Michoacana, Trío Los Aventureros y Los Bell Boys. (El tumbador, Rolando Maceo, sustituye a Julián León y el flautista Gonzalo Fernández, entra por Clemente Lozano, pues su hermano Rolando había salido para Nueva York).[454]

209

Al referirse a Félix Reina, su impronta como músico y papel jugado en la Orquesta América, Enrique Zayas esclarecía que:

>Félix Reina era una persona extremadamente modesta y sencilla. Y me explicó: «… Yo llegué a La Habana acompañando procesiones religiosas, y toqué con la Orquesta Sinfónica y después empezó a hacer suplencia por Virgilio Diago en la orquesta de Arcaño y me quedé trabajando fijo con Arcaño y ahí se encontró con Jorrín, Musiquita, etc., allí es donde aprendí a hacer danzones de nuevo ritmo, yo nunca reclamaré la paternidad del chachachá. ¡El chachachá fuimos todos!».[455]

453. Félix Reina, en entrevista del autor a Enrique Zayas, Museo Nacional de la Música, 24 abril 2003.

454. Periódico *Excelsior*, «Última Hora», D.F. México, 16 de marzo de 1958.

455. Enrique Zayas. Entrevista concedida al autor, Museo Nacional de la Música, 24 abril 2003.

Ninón, su esposa y un amigo, horas antes de su regreso a Cuba, zocalo, 28 de septiembre de 1958

EL REGRESO DE LA ORQUESTA AMÉRICA A CUBA

Noches de Moscú

Cuán difícil es,
Callarte el corazón,
Si el amor no reclama ya.
En Moscú, bailan mi Jompy, en Moscú.

Ninón Mondéjar, jumpy / 1959

La América pone a gozar al cabaret Tío Sam

Reaparece la Orquesta América en una actuación en el Canal 3 de televisión, donde su vitalidad y sabor se mantienen después de su renovación. Un nuevo contrato aparece propuesto por los empresarios del Cabaret Tío Sam, por una larga temporada, afinándose así, Ninón y sus ritmos chachachá y jumpy. De su debut se hacía destacar en la prensa escrita:

«Ninón Mondéjar con su Orquesta América y sus nuevos integrantes haciendo sus famosos chachachás y estrenando su nuevo ritmo jumpy. Actúan en el Centro Nocturno Tío Sam Ninón Mondéjar y su Orquesta América».[456]

«Cabaret Tío Sam. Sigue arrebatando la sensacional Orquesta América de Ninón Mondéjar, figuran en la revista musical: Salvador Rubio, Linda Mendoza, Josefina Castañeda, Katy Knapp, Emma Martín, Los Bell Boys, La Azalia, Los Aventureros».[457]

«Cabaret Tío Sam presenta: La reaparición de Ninón Mondéjar y su fantástica Orquesta América después de su gira artística por el continente. Miguelito Valdés, creador de Babalú, Salvador Rubio, Los Súper Secos, Linda Mendoza, Artemisa, Emma Marín, Josefina Castañeda, Katy Knopp».[458]

211

[456.] Recorte de periódico no identificado, D.F. México, 1958.

[457.] Periódico *Excelsior,* «Última Noticias», 15 de marzo de 1958.

[458.] Recorte de periódico no identificado, anuncio Cabaret Tío Sam, D.F. México, 16 de marzo de 1958.

Sin otra aclaración, aparece referida en una revista de la farándula, la incorporación de un nuevo cantante a la orquesta:

> De aquí, de allá y de acullá; algo de la vida farandulera. Ninón Mondéjar adquirió nuevo cantante. René Herrera es el nombre del nuevo cantante adquirido por Ninón Mondéjar para su Orquesta América (La voz de este cantante quedó bien amoldada a los ritmos en que se especializa dicha orquesta).[459]

El preludio al regreso de la Orquesta América a Cuba

Los próximos cinco meses de Ninón y su orquesta estarían marcados por múltiples presentaciones, al tiempo que se mantenían en el Cabaret Tío Sam, cumpliendo sus compromisos semanales, y sufrían gran incertidumbre —los integrantes—, por la situación de Cuba, el desenlace final de la guerra y la decisión que tomaría Mondéjar sobre el destino de su agrupación: permanecer o regresar a Cuba. Realmente, Ninón mantenía su atención en las noticias que le hacía llegar, desde La Habana, su fiel amigo Augusto Barcia que ya se había integrado completamente a las actividades revolucionarias.

[459.] Armando Luis Azcona, *Revista Ver y Oír*, D.F. México, 1958.

Solicitada una vez más por la ciudad fronteriza de Matamoros, la América, viaja hasta esa ciudad:

> The Orchestra that brought the popular Cha Cha chá Ninón Mondéjar and his famous Orquesta America dance with best cha cha chá rhythem another great hit of Café Matamoros. Best in town present one day only Tuesday April 10th to Mexico also Los Canasteros, Rosalinda Aguirre, Los Hnos. Silva, La Perla Tapatia, and continuos for dance furnished by Miguel Prado and the popular orquesta Matamoros. Opportunity to Dance with the Orquestra that created the Cha Cha Chá Rhythm.[460]

A su regreso de la ciudad de Matamoros, entran a los estudios de grabación para un nuevo Larga Duración: «Ninón Mondéjar prepara nueva grabación de chachachá para el sello que tiene en exclusividad, la RCA Victor. En el mismo LP incluirá dos de sus creaciones llamadas jumpy, participan sus dos nuevos músicos Félix Lagarreta (violín) y el Viejo Chuchú (pailas)».[461] «Ninón Mondéjar, artista exclusivo de la RCA Victor, acaba de grabar cuatro nuevos números musicales: "El chachachá del tren", "Domitila dónde va",

---

460. Café Matamoros, cartel de promoción, Matamoros, México, 10 de abril de 1958.
461. Recorte de periódico no identificado, D.F. México, 15 de abril de 1958.

y los danzones "Bodas de oro" y "Nuestra pasión", este último de Alex Sosa, pianista».[462]

La ciudad San Juan Bautista de Tuxtepec, en el estado de Oaxaca, al sur del país contrata a la Orquesta América para sus días de celebración: «María Enriqueta y la Orquesta América amenizaran una fiesta el día 30 de abril en Tuxtepec, Oax».[463]

El nuevo centro nocturno de ciudad México, La Arcadia, inicia en el mes de mayo, una nueva temporada de espectáculos con Mondéjar y su orquesta: «Cabaret Arcadia, el próximo día 9, presenta a la sensacional Orquesta Cubana América, al mago Pablito Sánchez, Katy, Josefina Castañeda, Manolita de Córdova, Kim Heather, Raquel Doménech (el bomboncito cubano)».[464]

De nuevo y de manera inesperada: «Ninón Mondéjar se encuentra en La Habana, se espera su retorno en cualquier momento».[465] Para la prensa no resulta comprensible la frecuencia con que Mondéjar está viajando a Cuba, para él, sí, estaba ya preparando su regreso definitivo, pero su discreción predominaba, ante todo, y el respeto al público mexicano que lo ha apoyado incondicionalmente durante estos cuatro años.

462. Periódico *Excelsior*, «Últimas Noticias», 19 de abril de 1958.
463. Prisciliano, *Revista Novedades*, «TV-, 24 de abril de 1958.
464. Periódico *Excelsior*, «Últimas Noticias», 6 de mayo de 1958.
465. Recorte de periódico no identificado, D.F. México, 8 de mayo de 1958.

A Veracruz se va en esta temporada veraniega, ocasión en que se sienten muy estimulados, al ver que siguen siendo aclamados por los bailadores. El cartel promocional del 18 de mayo 1958, en Veracruz, anunciaba la presentación de la Orquesta América en el Café-Nevaría El Parador, Los Pilares, Córdova, durante la gira a Veracruz, en este se puede leer: «Noche sensacional, gran baile de gala con la actuación de Ninón Mondéjar y su orquesta cubana creadora del chachachá, sus bailarines, sus cantantes y sus bellísimas *Orquídeas del Chachachá*. El cuerpo de baile del Cabaret Tío Sam, con todas sus vedettes fueron llamadas *Las Orquídeas del Chachachá*».

La Orquesta América de Ninón Mondéjar y el Trío Avileño tienen especial sitio entre los corazones del público jorocho. No han pasado de moda. La orquesta Jorrín tocó en el Centro Social El Sindicato y fue transmitido por la emisora XEU.[466]

La gran despedida de los Reyes del Chachachá

La preparación para la salida de México, de Ninón Mondéjar, fue anunciada por noticias como esta: «Ninón Mondéjar con su orquesta tienen pendiente una gira por Europa a iniciarse en par de meses».[467] Y: « *¡Se ausenta la Orquesta América una corta temporada para cumplir compromisos artísticos!*»[468]

En la primera quincena del mes de septiembre, se produce la última actuación de la Orquesta América en tierras aztecas, el acontecimiento tuvo lugar en el Cabaret Tío Sam, como colofón de una larga temporada durante este año de 1958. El día final, se realiza por todo lo alto: «Despedida grandiosa de México a Ninón Mondéjar su fantástica Orquesta América junto a las *Orquídeas del Chachachá*, cuerpo de baile en el Cabaret Tío Sam».[469]

Horas antes de su partida a La Habana, Cuba, Ninón Mondéjar pasea por la Plaza del Zócalo de Ciudad México, con la mirada agradecida a todo el pueblo mexicano que lo acogió como a un hijo y al que agradecer todo su apoyo y reconocimiento como *El*

---

466. *Revista Ovaciones*, «Coctelito», Veracruz, miércoles 6 de agosto de 1958
467. Ramón Inclán, *Revista Ondas*, D.F. México, 20 de agosto de 1958.
468. *Revista de Policía*, D.F. México, septiembre del 1958.
469. Recorte de periódico no identificado D.F. México, 1958

Creador de Chachachá. Una foto como constancia del momento, junto a Ninón, su esposa y un amigo.[470]

La Orquesta América es disuelta por Ninón Mondéjar en México, con el compromiso de trasladarse a La Habana, Cuba, y después de una pausa, reorganizarla, e insertarse de nuevo al ambiente musical de la isla. El maestro Mondéjar era consciente de que la mayoría de sus integrantes, cubanos, no regresarían a La Habana por estar radicados en ese hermano país. La realidad es que había sido muy estresante para él, en esta última temporada, mantener la alineación de los miembros de la orquesta, reconociendo que, después de la salida del maestro Félix Reina, tuvo que esforzarse aún más por mantener el nivel musical en la orquesta, siendo muy apoyado por los integrantes mexicanos, más que por sus compatriotas. Lo cierto es que lo había logrado, gracias a los éxitos que cosechaba y la demanda de que gozaba su orquesta, ya que prácticamente no descansaban por los múltiples conciertos en teatros, cabaret, televisión y radio, y en varias ciudades del interior del país azteca.

Al realizar su presentación de despedida, la alineación de músicos, era: Félix Lagarreta (violín); Amelio Gutiérrez, violín, mexicano; Elizardo Aroche, violín mexicano; Apazote, piano; Armando, *Pipa*, Flores, contrabajo mexicano; Rolando Maceo, conga; Gonzalo Fernández, flauta; Jesús, *Chuchú*, Esquijarrosa, pailas; Romelio, cantante; René Herrera, cantante; Ninón Mondéjar, director y cantante.

Sobre este momento final con la América, Félix, *Pupy*, Lagarreta comentó:

> Pero entonces, nos tuvimos que regresar pa' La Habana porque se acabó el contrato de la Orquesta América. Chuchú y yo regresamos pa' La Habana y él (se refiere a Gonzalo) también en el mismo barco, un barco español, el *Covadonga*. Y ahí yo fue que vine para Estados Unidos para unirme a la Orquesta Nuevo Ritmo de Cuba, y aquí me enteré al poco tiempo que Gonzalo estaba en París.[471]

[470.] Foto del álbum de Ninón Mondéjar, tomada el 28 septiembre de 1958.
[471.] José Arteaga, «Tras la pista de Gonzalo Fernández», (*basada en información de la Colección Gladys Palmera) (7 de enero 2016)*, consultado 28 de julio 2019.https://gladyspalmera.com/la-hora-faniatica/tras-la-pista-de-gonzalo-fernandez/

El maestro Anacario Crispiniano Mondéjar Soto y su esposa Felina Segunda Mondéjar La Fe, vuelven a finales de septiembre de 1958, a su tierra natal, Cuba. Al regresar a La Habana, Ninón se suma al llamado del movimiento 26 de Julio (M-26) de no asistir a bailes ni fiestas, por lo cual decide no reorganizar su orquesta, pues resulta inminente el triunfo del Ejército Rebelde.

La Orquesta América, representa a Cuba

El 1ro. de enero de 1959 el pueblo de Cuba se despierta con la gran noticia: «¡Ha huido Batista!, con un grupo de sus secuaces, llevándose millones de dólares robados al pueblo». Una nueva era en la historia del país comenzaba, después de tantos maltratos, *en oprobios sumidos* y algo más de veinte mil asesinatos y desaparecidos. Fidel Castro, el Ejército Rebelde y el pueblo en general derrocan la Tiranía Batistiana.

El maestro Ninón Mondéjar se integra al proceso revolucionario, al triunfo de la Revolución dirigida por Fidel Castro, que coronaría con su entrada victoriosa a La Habana, el 8 enero. Mondéjar desde su llegada, se había reencontrado con sus compañeros de lucha del Sindicato de Músicos Cubanos, del Partido Popular Socialista y del Movimiento 26 de julio, participando en los preparativos para conmemorar la llegada de los rebeldes.

Recordaba Ninón que a su llegada se había hospedado en una habitación del Hotel Inglaterra—conversación con el autor— y que había contactado con algunos compañeros por recomendación de Leonel Soto y Flavio Bravo, con quienes estaba vinculado desde México, en varias actividades de recaudación de fondos para el Comité Cubano de las Juventudes y para el M-26 de Julio.

Ingresa al departamento de asuntos culturales del Instituto Nacional de Turismo (INIT), cuya oficina central radicaba en una habitación del Hotel Capri y que sería inicialmente la sede oficial. En el contrato laboral de Ninón Mondéjar, aparecería como asesor y especialista en música y espectáculos. Así recorre toda la isla organizando el movimiento de los músicos y artistas de Cuba, en estrecha vinculación con el naciente Consejo Nacional de Cultura (CNC) y sus sedes provinciales y municipales. Mondéjar, en persona, establece vínculos de trabajo y coordinación con la dirección del

Sindicato Nacional de Trabajadores de la Revolución, en particular con su líder de la clase obrera, Lázaro Peña. En estos primeros momentos se afilia al Partido Unido de la Revolución Socialista, desde su fundación, en el Municipal Dragones; después convertido en Partido Comunista de Cuba en 1965.

A resultas de una tarea de coordinación de Lázaro Peña, en Praga, con el Dr. Eugen Stejakal, de la República de Checoslovaquia, quien estaba interesado en organizar presentaciones en el continente europeo, Ninón Mondéjar, que vivía en ese momento en Ayestarán nro. 778, escribe carta a Eugen planteándole: «Estimado Señor. En contestación a su carta, que me acaba de entregar el amigo Lázaro, quiero manifestarle lo siguiente: Acepto su ofrecimiento de 3,500 (tres mil quinientas coronas) por presentación […] Un mínimo de presentaciones a la semana, que serían 7, es decir, una diaria. Contrato por 4 meses».[472]

Ninón, su esposa y una parte de la familia, antes de su viaje a Viena, Austria

En el mes de julio de 1959, Ninón Mondéjar, con la ayuda de los músicos Pedro Arioza y Augusto Barcia, organiza la Orquesta América —según testimonio de Pedro Arioza—, para ello ocurre un encuentro, en la sede del Gran Teatro de La Habana, ubicado en

---

472. Ninón Mondéjar. Carta a Dr. Eugen Stejakal, archivos personales del autor, La Habana, 30 mayo 1959.

el Paseo del Prado y San Rafael, con los integrantes de la Orquesta América del 55, representada por Juanito Ramos, Antonio Sánchez y otros músicos, acordando que debían unirse en una única Orquesta América (la de Ninón Mondéjar). Quedan así unificadas, tras un breve receso de actuaciones, para convertirse ambas en la Orquesta América de Ninón Mondéjar.

El flautista Juanito Ramos, gran amigo y colaborador, que compartía las ideas revolucionarias de Ninón, desde su regreso de México, además de dirigir la América 55, había estado cooperando con el M-26 de julio, hasta el triunfo de la Revolución, en que había decidido regresar a su viejo oficio de maestro, en la cátedra de Pedagogía en la Universidad de La Habana. Más tarde fundó el Instituto Superior Pedagógico en Ciudad Libertad, donde impartió las materias Filosofía y Movimiento Obrero, hasta su fallecimiento en la década del setenta.

El comité organizador cubano del Festival de la Juventud, en junio de 1959, pide a Ninón Mondéjar y su Orquesta América participar en el VII Festival en Viena, Austria, como parte de la delegación que representaría a Cuba:

> [...] Los muchachos de la Orquesta América que dirige Ninón Mondéjar escenifican como van a «botar la pelota» en Viena, Praga y Moscú con sus ritmos populares cubanos. Junto a ellos están algunos del grupo música y danza ritual afrocubana.[473]

Al reorganizarse La América queda integrada por los músicos: [474]

1.- Ninón Mondéjar (director y cantante)
2.- Augusto Barcia (timbal)
3.- Pedro Arioza (güiro)
4.- Pedro Godínez (cantante)
5.- Rafael López (tumbadora)
6.- Ovidio Pérez (violín)
7.- Berroa (violín)
8.- Cañizares (violín)

---

[473] Recorte de prensa no identificado (periódico *Revolución*), La Habana, Cuba, julio de 1959.
[474] Pedro Godínez. Conversación con el autor, La Habana, Cuba, diciembre del 2016.

9.-Columbié (pianista)
10.- Virgilio (contrabajo)
11.- El Bolo (flauta)

Ninón, su esposa y la traductora durante una visita al Danubio, Austria
Foto: Cortesía de Pedro Arioza

«"Los cubanos en Viena". Que (*sic*) resalta la triunfante delegación y las actuaciones de la delegación artística en Rusia. En la foto Gisela Domenech, Rafael Pina, Sonia Calero y María Duchense y Jesús Orta (*Naborí*) (*sic*) en el balneario de Gagra, en Crimea».[475]

Estando en Viena, Austria, la embajada de la Unión Soviética los invita a una gira de dos meses por toda la URSS. La Orquesta América, el 26 de agosto de 1959, actúa en el famoso Teatro de Moscú con total éxito, ese mismo día, en la mañana, visitan la Plaza Roja de Moscú, el Mausoleo a Lenin, el Teatro Bolshoi, así como parte del centro de la ciudad. Como parte de sus actuaciones en diversos escenarios de la ciudad de Moscú, el día 3 octubre, la delegación cubana, realiza una visita al Museo Estatal de Moscú junto a Ninón, el *Indio Naborí*, Fernando Alonso y otros artistas.

Cuando digo allá me refiero a Viena (7 Festival Mundial de la Juventud y los Estudiantes), con participación de 112

[475.] Periódico *Revolución*, septiembre de 1959.

países y ceremonia de apertura en el Estadio Ernest Happel. El festival se celebró del 26 de julio al 4 de agosto de 1959, y la citada delegación estaba compuesta por la compañía de baile de Alberto Alonso, con sus estrellas Sonia Calero y Menia Martínez, el ballet de la televisión cubana de Cristy Domínguez, el Conjunto Folclórico Cubano, el poeta Nicolás Guillén, el *Indio Naborí*, el conjunto campesino de Eduardo Saborit y la Orquesta América de Ninón Mondéjar. En total 186 artistas.[476]

26 de agosto de 1959. Plaza Roja de Moscú. Delegación cultural cubana, entre otros: Ninón, Pacolo (cantante solista), Alberto Alonso, Sonia Calero, Jesús Orta (Naborí), Berroa (violinista). Foto tomada por Fela Mondéjar

Terminada la invitación a la Unión Soviética, viajan a Yugoslavia, siguen a París, Francia y de allí a Madrid, España. De paso por París, varios músicos de la Orquesta América, deciden no continuar hacia España, lo que acarrea dificultades a las presentaciones de la agrupación, y les impide aceptar contratos de actuación durante una temporada. En el debut de la Orquesta América en Radio Madrid

---

476. José Arteaga, «Tras la pista de Gonzalo Fernández» (basada en información de la Colección Gladys Palmera) (7 de enero 2016), consultado 28 de julio 2019. https://gladyspalmera com/la-hora-faniatica/tras-la-pista-de-gonzalo-fernandez/.

para la Cadena SER, el locutor José Luis Pecker, quien introdujo a la orquesta, realizó también una entrevista a Ninón Mondéjar. Esta presentación fue gestionada por el cubano Sr. Serrano amigo de Ninón y en ausencia del flautista Gonzalo, fue sustituido por un saxofonista cubano.

> […] Columbié está radicado en Madrid y contó que, tras el evento de Viena, donde no se habló de otra cosa que, de la Revolución cubana, vino esa comitiva para una gira por la Unión Soviética, Yugoeslavia, Francia y España, donde tuvieron problemas con el embajador. También contó que la Orquesta América de esa gira estaba conformada por: Ninón Mondéjar, dirección y güiro; Rolando Columbié, piano; Orlando Melgares, bajo; Gustavo Barcia, timbales; Rafael López, congas; Gonzalo Fernández, flauta; Ignacio Berroa y Ovidio Pérez, violines; y Julio Valdés, voz. […] Cuenta Columbié que Rafael López y Gonzalo Fernández se quedaron en París.[477]

El testimonio dado en este artículo de José Arteaga, por Rolando Columbié, no coincide con el que dieran Pedro Godínez y Pedro Arioza, quienes formaron parte de la orquesta en esa comitiva, Godínez, cantante, y Arioza, en el güiro. Quienes, como resulta cotidiano entre los músicos, se conocían por apodos y/o apellidos, a Gonzalo Fernández se le conocía como *El Bolo*, y a Orlando Melgares, como *Virgilio* o *Vilinjo*. Además, de que no menciona a Cañizares, el tercer violín (viola).

En los apuntes referidos a la cronología de Jesús Orta Ruíz, se describe el recorrido realizado por toda la delegación participante: «Asesor literario y director del Grupo Campesino, recorre con el Ballet Folclórico de Alberto Alonso varias ciudades de Europa: Moscú, Volgogrado, Leningrado, Helsinki, Paris y Madrid».[478]

El hijo del torero español *Manolete* hace amistad con Ninón y con posterioridad, le envía una postal en el que lo trata cariñosamente como: *Abuelo*, Ninón.

---

477. *Ibid.*
478. Germán Bode Hernández: *Naborí y su tiempo*, Ediciones Montecallado, San José de las Lajas, Mayabeque, Cuba. 2016, p. 184.

Actuación en el Teatro Bolchoy de Moscú de la Orquesta América, 26 de agosto de 1959

Al regreso de la gira por Europa, en noviembre del 1959, grabaron en La Habana, en los Estudios Panart, entre los temas grabados
están «Noches de Moscú»,[479] adaptada e interpretada en Moscú con
mucho éxito, así como «Lejos de Cuba», conocida como «Qué linda
es Cuba», de Eduardo Saborit, quien la creó expresamente para la

---

[479.] «Noches de Moscú». Autores: V. Solovief-Ced Mato Novik, Ninón Mondéjar (letra),
género: jumpy, Orquesta América de Ninón Mondéjar, Panart. LP-2057, vol. 3. (*Orq. América, Los Reyes del CHA CHA CHA*), 12, hecho en Cuba.

Orquesta América. «En el balneario ruso de Sochi compuso "¡Cuba qué linda es Cuba!", que ha recorrido el mundo».[480] Los arreglos musicales fueron realizados por Ovidio Pérez Pinto, violinista de la Orquesta América en la gira, a dicha composición Ninón Mondéjar le adiciona el coro: «*Cuba que linda es Cuba, cuando estoy lejos te quiero más*»,[481] haciendo gala de sus inspirados sentimiento patrióticos. Así, como la adaptación de la afamada melodía de «Noches de Moscú», que había sido llevada al ritmo de jumpy por Mondéjar, varios de los testimonios recogidos entre los integrantes de aquella delegación relataban que en cada ciudad a la que llegaban en el tren, eran recibidos con esta pieza musical y la «Guantanamera», a lo que ellos respondían cantando «Cuba qué linda es Cuba», esto motivó a Ninón a escribir:

Noches de Moscú
Autores: V. Solovief-Ced Mato Novik, Ninón Mondéjar (letra y adaptación musical)
Género: Jumpy

El jardín dormita en silencio ya,
En la sombra la vida huyó,
No podrás jamás,
Sentir bien a Moscú,
Si no estás en su atardecer,
No podrás jamás,
Sentir bien a Moscú,
Si no estás en su atardecer.

Ruge el río a veces y a veces no,
Todo en luz de luna quedó,
La canción llegó,
En el dulce vaivén,
En la voz del atardecer,
La canción llegó,

---

480. Luis Toledo Sande, «Eduardo Saborit quien la defiende la quiere más», *Revista Bohemia*, nro. 26, año 103, pp. 018-19, 30 diciembre, 2011.

481. Eduardo Saborit. «Lejos de Cuba» («Qué linda es Cuba»), género: chachachá, *Orquesta América de Ninón Mondéjar*, Panart. LP-2057. Vol. 3. (Orq. América, *Los Reyes del CHA CHA CHA*), 12, hecho en Cuba.

En el dulce vaivén,
En la voz del atardecer.

Veo en tu mirar picaresco ardor,
Inunda tu paz el rubor,
Cuán difícil es,
Callarte el corazón,
Si el amor no reclama ya,
Cuán difícil es,
Callarte el corazón,
Si el amor no reclama ya.

En Moscú, bailan mi Jompy, en Moscú (coro)

Visita de la delegación cubana al museo de Moscú, junto a Ninón, el Indio Nabcrí, Fernando Alonso y otros

Interesante es que formaban parte de esa delegación el legendario bongosero y bailarín Agustín Gutiérrez, *Manana*, que hacía pareja de baile con la destacadísima Sonia Calero.[482]

El músico cubano Pedro Arioza, a todos estos acontecimientos confirma y esclarece elementos sucedidos, explicando:

[482.] Godínez. Ahijado de Agustín Gutiérrez, en conversación con el autor, 24 agosto 2019.

En 1959 surge la oportunidad de llevar a la Orquesta América al Séptimo Festival de la Juventud y los Estudiantes a Viena, Austria y como Ninón estaba identificado con la Revolución y tenía mucha afinidad con Lázaro Peña y el M-26, voy y me encuentro con Ninón y lo ayudo a buscar músicos que ya conocíamos. Yo estaba en la orquesta Revé, pero ante la decisión de la dirección de la Revolución, asumo esta tarea. Ensayamos en el cabaret Ali-Bar, tres o cuatro veces, todos se sabían el repertorio de la América, así que no fue muy difícil acoplar la orquesta. Reorganizamos la orquesta y partimos el 22 de julio en dos aviones, toda la delegación, nosotros fuimos en el segundo vuelo, cantando el himno nacional y el himno de la Revolución, llevando la bandera nacional, fuimos la primera delegación cultural en salir representado al país después del triunfo de la Revolución. La orquesta estábamos: Augusto Barcia, timbal. Ovidio Pérez, violín. Ignacio Berroa, violín. Cañizares, viola. Rolando Columbié, pianista. Vilinjo, contrabajo. Rafa López, tumbadora. Pedro Arioza, güiro. Pedro Godínez, cantante. Julio Valdés, cantante. Ninón Mondéjar, cantante y director. Gonzalito, flauta.

Estando en Viena, con E. Saborit surge el tema «Lejos de Cuba» que montamos y tocamos durante toda la gira a Europa, al que Ninón le puso el coro «Cuba que linda es Cuba... ». Fuimos en tren a Rusia, estuvimos 53 días en la Unión Soviética, allí montamos el tema «Noches de Moscú» que era instrumental y Ninón le puso letra. En Rusia aparecen contratos en Finlandia y Francia, de paso conocimos a Suiza. En París tocamos en el Teatro Alhambra con Carmelina Valvery, y estuvimos 30 días por Francia, donde se quedó Gonzalito, el flautista. Al llegar a España, donde estuvimos un mes, se salen de la orquesta Julio Valdés, cantante; Ignacio Berroa, violín; Vilinjo, contrabajo y Rolando Columbié, pianista. Para poder cumplir con las actuaciones se contrató a Pepecito O'Reilly, pianista, para actuar en la radio con el locutor Serrano, allí compartimos con el cantante Lucho Gatica.

Estuvimos casi 4 meses por Europa, pero regresamos porque nos faltaban músicos.

Al regreso, me mantuve en la Orquesta América hasta el 31 diciembre de 1961 en una actuación en el Centro Asturiano, en que también actuaron el Conjunto Casino y la Gloria Matancera. Al salir dejé a un primo mío tocando el güiro.

En una actuación, llegando de Europa, en el Club Comodoro en Playa, nos chiflaron porque tocamos «Noches de Moscú» y «Qué linda es Cuba», allí había gente que no estaba a favor de la Revolución, y nosotros éramos ¡Comunistas! Ninón, Augusto Barcia y el hermano de Barcia y yo, entonces cantamos «Nuestra Tierra».

Grabamos al regreso, varios temas, entre ellos «Noches de Moscú» y «Qué linda es Cuba», tocando el piano el maestro Ruvalcaba.[483]

---

[483] Pedro Camilo Arioza. Entrevista con el autor en su casa de calle 3. e/ Ave. Paseo, Vedado, 29 de agosto 2002.

Actuación en la Cadena Ser, Madrid, España. Junto al locutor José Luis Pecker

La Orquesta América, en el período de 1960 al 1970, realiza cientos de actuaciones en todo el país, como parte del plan de llevar la cultura a los lugares más intrincados de Cuba. Se presenta también durante largas temporadas en el Cabaret Tropicana, Salón Rojo del Hotel Capri, El Cabaret Parisién del Hotel Nacional, los planes recreativos en Varadero, Santiago de Cuba, Playa Girón, Guanabo y círculos sociales de las Playas del oeste y el este de la capital, entre otros. Actúan en los programas televisivos de los canales 2 y 6, de frecuencia semanal, y en la radio nacional. Al consultar el libro de apuntes de Ninón Modéjar, donde asentaba cada uno de las presentaciones y sus pagos, lugares y demás datos, se aprecia algo más de 700 prestaciones.

En los inicios del año 1960, la Orquesta América de Ninón Mondéjar actúa en el programa de la Televisión *Orquestas Cubanas de CMQ*. Ese mismo año, Ninón Mondéjar visita al afamado restaurante La Bodeguita del Medio, donde conoce al cantante y compositor Carlos Puebla. Durante la «Crisis de Octubre» actuaron en las Unidades Militares en La Habana, Matanzas y Pinar del Río.

En este año de 1963, Ninón, comienza a escribir su poemario musical, aún inédito, en que se pueden leer inspiradas poesías, que por su idea llevaría al pentagrama, entre ellas se puede leer:

Eran tus ojos [484]
Ninón Mondéjar (Paso Doble Cubano), 1963

Mi alma triste y desolada,
Ya marchaba por el mundo,
Sin pensar que hubiera estrella,
Que su fuego reflejara,
En mi sendero fecundo,
Mi esperanza ya marchita se encontraba,
Cuando una noche dos estrellas vi,
Que sus ojos fulgorosos me abrazaban,
Eran tus ojos que me miraban,
Despertaste mi alma y hoy pienso en ti,
Hoy pienso en ti en el silencio,
De la noche tropical,
Cantando quisiera tu sueño turbar,
Y si supiera que no harías reproche,
Toditas las noches te iba a despertar.

229

Llevado por el ímpetu de superación, Ninón Mondéjar, se incorpora a la Escuela Obrera Campesina (EOC) para graduarse de sexto

484. Ninón Mondéjar. Poemario no publicado, archivos de autor. 1963.

grado en junio de 1965, después de un año de estudios nocturnos, un viejo anhelo de su frustrada niñez sin recursos. Asimismo, en 1965, tras vencer el sexto grado, matricula en la Escuela de Superación Profesional del Sindicato Nacional de Trabajadores de Artes y Espectáculos, para aprender la escritura y lectura de la música, concluyendo en 1966, con calificación de «Notable» (84 puntos), el curso de Lectura Musical, primer nivel, el 18 de noviembre.

Durante una visita a la Bodeguita del Medio, junto a Carlos Puebla, amigos y familiares, 1960

El percusionista Luis Rodríguez Macías, administrador de la orquesta por muchos años, y que fue la persona que me lleva a conocer al viejo Mondéjar, manifestaba sobre sus inicios en la orquesta:

> En 1964 me incorporé a la Orquesta América, cuando entré formaban parte de la agrupación: Cheo Junco, cantante; Juanito Ramos, flauta; Antonio, *Musiquita*, Sánchez, violín; Papito Camagüey, contrabajo, pero poco después entra Miguel Ángel Drullat; Palomares que alternaba con Barroso en el piano; Guillermo Rubalcaba, violín; Pedrito Hernández; El Puri en las pailas y después Felipe Sardiñas, los hermanos Raimart, como cantantes, y el director musical era Conrado Nacianceno. Yo sustituí a Julio Salas. Mi primera presentación fue en el Salón Mambí del Cabaret Tropicana, dos días consecutivos y el 24 de diciembre en la Playa de Matanzas en 1964. Yo fui fundador de Pello el Afrocán y entonces Pello me mandó a ver a Ninón al Hotel Capri, porque Ninón le había dicho necesitaba uno que tocara tumbadora para la Orquesta América. Cuando llegué al primer ensayo, en el Teatro Lírico, estaba Iván Mondéjar en la paila, pero no pudo ensayar porque trabajaba también en Cuba-Artista y entonces fueron a buscar al Pury, que se quedó fijo. Este Iván (primo de Ninón) había estado con la América en México haciendo suplencia cuando Ninón en 1958 había venido a La Habana buscando músicos. En 1960 Juanito Ramos, oficialmente, le entrega la América del 55 a Ninón, por eso que cuando yo entro en 1964 estaba Cheo Junco, Juanito Ramos, Gustavo Tamayo, Musiquita, Papito Camagüey, etc. Ensayábamos en un local Teatro García Lorca. Durante dos años consecutivos, 1968 al 1969, estuvimos actuando en *Variedades del Mediodía*, los lunes y viernes de 12:30 a 1:00 p.m. en Radio Rebelde con el locutor León Acosta, cantando los hermanos Reymart. Yo me sumé a componer «El yompy de las nenas» influenciado por lo que se hacía en la Orquesta América. La Orquesta América fue a tocar al pueblo de Candelaria y hablé con Jorrín y me dijo: «… Ninón y yo

matamos la gallina de los huevos de oro, si hubiésemos sido inteligentes fuéramos ricos… el que les puso chachachá a todos los discos fue Ninón».[485]

En la TV cubana. La cantante Marta Robaina "La India" era la atracción de la Orquesta, 1967

[485.] Luis Rodríguez Macias. Músico y tumbador de la Orquesta América, conversación por los 50 años de celebración del chachachá, 4 noviembre 2002.

Mientras tanto Jorrín y su orquesta, en esta etapa, regresan a México, allá reinician las presentaciones, al respecto Oney Cumba, señalaba: «Después, en 1960, yo viajé a México con la orquesta de Jorrín y lo llevé a la caja de la RCA Victor a cobrar los derechos de autor de "La engañadora" unos 800 dólares. Jorrín y su orquesta no fueron reconocidos, ni tuvieron éxitos, hasta que la Orquesta América salió de México».[486]

Para el año 1967, nuevos integrantes se sumarían a la plantilla de la agrupación, de esta manera la Orquesta América se ve actuar en la Televisión cubana en el horario estelar del mediodía. La cantante Marta Robaina, *la India*, era la atracción de la Orquesta, donde además figuraban los Hermanos Reymart y Ninón Mondéjar, cantantes; Miguel Ángel Drullat contrabajo; Navarrete, piano; Esnel, güiro; Gustavo, flauta; Eduardo Herrera, *El Puri,* paila; Juan González 2. Violín; Rogelio, 3. Violín; Nacianceno, 1. violín y director musical; Luis Rodríguez Macías, tumbadora.

En esta nueva alineación de la Orquesta América, resalta un músico, del cual Ninón siempre habló de manera cariñosa y amistosa por sus cualidades, el contrabajista:

233

Miguel Ángel Drullat Cortés (7 noviembre de 1903-25 noviembre de 1984). Contrabajista. Vivía en calle Martí en Regla. Tocaba con la orquesta Sorpresa Musical. Se incorpora a la Orquesta América en 1970 junto a Conrado, Ninón, la India, Toledo, etc. La América actuó en la calle frente a su casa en su cumpleaños en 1971 y se jubila en 1973. Él manejaba un pisicorre marca chevrolet de color negro que tenía el nombre de Orquesta América, en color naranja, en el que viajaban siempre los músicos de la orquesta junto a Ninón y Felina. El Sexteto Boloña fue su primera agrupación en que trabajó y con el que viajó a Panamá y Colombia, era abakuá de la potencia Abakuá Orú y su plaza o cargo era Enkricamó.[487]

486. Entrevista del autor a Oney Cumba, músico, compositor, delegado del Sindicato Cubano de la Música en México, de 1954 al 1958, en su casa en la calzada de Guanabacoa, 2004.
487. Entrevista del autor a Dulce María Betancourt, musicóloga, 24 abril 2003, Museo de la Música.

«La Orquesta América actuó en el círculo social de Amarillas en junio de 1967. Interpretaron todos sus temas de éxito que se conocen de ellos y también el yumpy, con varios estrenos».[488] «En agosto de 1967 la Orquesta América tocó aquí, en Los Arabos, con Ninón, eso fue tremendo, todo el pueblo y sus alrededores se paralizaron para venir a verlo, era una orquesta fenomenal, alternaron dos veces con la orquesta Spuknic de aquí».[489]

234

1971. Frente al Hotel Nacional de Cuba. La Orquesta América estaba integrada por: Delante (izq. A derecha) Moisés Cárdena Hierro (güiro), Ninón Mondéjar (director y cantante), Carlos Matos (violín). Detrás Electo Méndez (cantante), Gregorio Balmaceda "Carmelo" (cantante), René Lorente (flauta), Mario Toledo (cantante), Conrado Nacianceno (violín y director musical), Félix Parreño (violín), Luís Rodríguez (congas y administrador), Felipe Sardiñas (timbales), Miguel Ángel Drouyach (contrabajo) y Osvaldo Rodríguez (piano)

En otro programa de la televisión, cuatro años después, en 1971, realizan una actuación en el Canal 6 de las 12:00 m. en el programa *Mediodía en TV*. La Orquesta América estaba integrada por: Moisés Cárdena Hierro, güiro; Ninón Mondéjar, director y cantante; Carlos Matos, violín; Electo Méndez, cantante; Gregorio Balmaceda, *Carmelo*, cantante; René Lorente, flauta; Mario Toledo, cantante; Conrado Nacianceno, violín y director musical; Félix Parreño, violín; Luis Rodríguez, congas y administrador; Felipe

---

[488] Alfredo Rodríguez Alemán. Director de la Biblioteca Pública en Los Arabos, visita del autor al pueblo Los Arabos, 31 de octubre 2002.

[489] Nicolás. Historiador de Calimete, visita del autor al pueblo Los Arabos, 31 de octubre 2002.

Sardiñas, timbales; Miguel Ángel Drullat , contrabajo y Osvaldo Rodríguez, piano.

En esta etapa, el cantante Carmelo, recordaba:

> En 1971, a finales, formaba parte de la orquesta La Fraternal de Yudi Vargas, trabajando en el Hotel Habana Libre, allí fueron Ninón Mondéjar, Felipe Sardiñas y Félix Parreño a buscarlo para viniera a la América. Al incorporarse a la Orquesta América estaban Ninón, Conrado (violín), Felipe Sardiñas (timbal), René Lorente (flauta), Juan (violín), Moisés (güiro), Elio Rivalta (violín), Carlos Matos (violín), Osvaldo Rodríguez de la Torre (piano), Miguel Ángel Droullat (contrabajo), Electo Méndez (cantante) y Luis Rodríguez (tumbadora). Cuando Ninón se fue a jubilar entra a cantar por él, el cantante Mario Toledo y se decide incorporar a otro más, a Miguel Agramonte Guerra, *Miguelito*. Ninón es una gloria de la música cubana, fue un orgullo estar a su lado cantando. La jubilación de Ninón nos impactó mucho, él estaba padeciendo de asma y como teníamos demasiado trabajo, giras nacionales, etc; pero fue para preservarle la vida, ya había trabajado bastante. La Orquesta América sin tocar «No camino más» de Ninón, no es la América, se puede cambiar un millón de veces el repertorio, pero si no se toca «Yo no camino más», ¡no es la América de Ninón Mondéjar![490]

Otro importante testimonio sobre esta etapa lo refiere el músico Moisés Cárdenas, al exponer:

> Yo había estado con la orquesta Gómez Gallo, orquesta de Lazo y sus micrófonos, y del combo de González Mesa. En 1971 Luis Rodríguez habló con Ramón Gavilán y este me recomienda para la Orquesta América, Luis me citó para el Salón Bajo las Estrellas, en Tropicana y allí estuve un mes trabajando con ellos y me quedé fijo. Cuando

---

[490.] Entrevista del autor al cantante Gregorio Hermes Balmaceda Espinosa, *Carmelo*. Estudios de grabación del Septeto Nacional, Galiano y Trocadero, 5 agosto 2012.

llegué estaban formando parte de la orquesta: Ninón Mondéjar, director; Luis Rodríguez, tumbadora; Felipe Sardiñas, timbal; Miguel Ángel, contrabajo; Osvaldo, piano; René Lorente, flauta; Juan; Carlos Matos y Félix Parreño en los violines; Carmelo Balmaceda, Ninón, Mario Toledo y Electo Méndez los cantantes.[491]

En 1973 se destaca la actuación durante una semana en los carnavales de Santiago de Cuba, recibiendo reconocimiento por sus destacadas actuaciones por la Comisión de Espectáculos de Cuba. La visión del pianista *Couto* acerca de su llegada a la América y en particular sobre la de Ninón ha sido:

> En 1975 Ninón Mondéjar me fue a buscar para que lo sustituyera como director de la Orquesta América. Al asumir la dirección enriquecí la armonía de los arreglos musicales con lo que Ninón estuvo de acuerdo. Al entrar a trabajar en la Orquesta América estaban: Carmelo Balmaceda, cantante; Electo Méndez, cantante; Elio Ribalta; en la flauta «Piedra»; Luis Rodríguez, tumbadora y administrador; Mario Toledo e Iván Mondéjar, primo de Ninón. Ninón era una persona noble, verdadero amigo, fiel y buen compañero, y sobre todo era buen cantante y hacía que los coros tuvieran un toque lírico muy particular y bello. Exigente en la disciplina.[492]

En una conversación con Luis Rodríguez, este explica:

> Ninón se jubila en 1975 por problemas de salud, tenía asma y presión alta ... , él tenía la oficina en el Hotel Capri donde trabajaba, además de la orquesta. Él reunió a toda la orquesta y nos deseó buena suerte y que mantuviéramos la historia lograda en alto. Yo quiero a Ninón como si fuera mi padre, nunca he conocido a nadie tan hombre y

236

[491] Moisés Cárdenas Hierro, *Güiro*. Músico y güirista de la Orquesta América desde 1971, conversación por los 50 años de celebración del chachachá, 4 noviembre, 2002.

[492] Entrevista del autor a Hilarión Couto Pavón, *Couto*, músico y director de la Orquesta América, 1975, en la Sociedad Canaria Leonor Pérez, septiembre del 2003.

amigo cómo él, es una gloria de la música cubana y vive en la humildad, tiene muchísimo dinero en México y como le han dicho que tendría que renunciar a Cuba, se niega a venderse por unos dólares.[493]

En Los Arabos, su terruño querido, todos guardan el grato y admirado recuerdo de Mondéjar, al referirse a la imagen de Ninón, la directora del Museo Municipal señala:

> Es una persona, muy humilde... , el que lo conoce y lo visita a su casa se da cuenta que no tiene grandes bienes materiales, porque podía haberlo tenido, fue un gran triunfador y se destacó en la cultura cubana. El donó en 1994 sus trofeos y diplomas durante la semana de la Cultura Cubana aquí del 25 al 31 de enero, donde se le realizó un homenaje por su trayectoria y aportes a la música cubana.[494]

El 15 de febrero de 1975, a la edad de 61 años, Anacario Crispiniano Mondéjar Soto, formando parte de la Orquesta América del Consejo Nacional de Cultura, recibe la certificación oficial de su jubilación (Resolución 12857), después de 41 años de servicios a la música cubana, siendo vecino de la calle Industria nro. 502, apto. 11 del piso 3, entre Dragones y Barcelona, Centro Habana, La Habana, Cuba. En ese humilde apartamento permanecería hasta su muerte, con orgullo cubano.

Después de la jubilación de Ninón Mondéjar, la Orquesta América continuó actuando hasta nuestros días de manera activa, bajo diferentes formaciones y directores.

---

493. Luis Rodríguez Macías. Músico y tumbador de la Orquesta América, conversación por los 50 años de celebración del chachachá, 4 noviembre, 2002.
494. María del Carmen Peña la Rosa. Directora del Museo Municipal Clotilde García, de los Arabos, visita del autor al pueblo Los Arabos, 31 de octubre 2002.

El autor del libro y Ninón Mondejar en un homenaje en la Asociación Canaria de Cuba

YO SOY EL CHACHACHÁ

ANEXOS

DISCOGRAFÍA

Debido a la extensa discografía de la Orquesta América, solo relacionamos algunas de las más importantes en su trayectoria.

- **Besala y Casate / El Cuervo** / Panart-1655 / **1953**

- **No Camino Mas / Triste Muñeca** / Panart-1621 /**1954**

- **Los Marcianos / Mexico, Mexico Lindo** / RCA Victor-70-9623 /**1955**

- **La Verde Palma Real** /Panart-45-1707 / **1955**

- **Tu Ausencia / Pa Que Lo Bailen Todos** / RCA Victor-51-7155 / **1956**

- **Triste Muñeca** / Peerless-45/10102 / **1973**

- **Ritmo Cha Cha Cha Vol. No. 1** / Panart-306 / **1953**

- **... Y Ya** / Oasis-148 / **1955**

- **Cha-Cha-Cha Vol.II** / Panart-L.P. 2008 / **1957**

- **Charangas** / Panart / 1973

- **America De Ayer, Hoy Y Siempre** / Areito-LD 4550 / **1990**

- **Cha Cha Cha Vol. II** / Musart-M140

- **Uno Dos Cha Cha Cha** / Musart-M158

- **Ritmo Cha Cha Cha Vol. 4** / Panart-LP-324

- **Cha Cha Cha** / RCA Victor-MKL 3078

- **Ninon Mondejar-America** / Egrem-LD-2057

PELÍCULAS

- Mulata /1954

- Viudas del Cha cha chá / 1955

- Que lindo Cha cha chá / 1955

- Música de siempre / 1955

- Una lección de amor / 1956

- Música de noche / 1956

- Club de señoritas / 1956

- Amor y pecado / 1956

- Lección de amor / 1957

PRINCIPALES PREMIOS RECIBIDOS

- Disco de Oro, Cuba, 1953

- Disco de Oro, México, 1955

- Trofeo Musart, México, 1955

- Disco de Oro, México, 1957

- Trofeo de Asociación de críticos de la Unión Tele- Radial, México, 1957

- Premio Popularidad, Cuba, 1959

- Disco de Oro, Cuba, 1961

- Disco de Oro, África Occidental, 1991

- Gran Premio Composición, Festival del Cha cha chá, Cuba, 1992

- Huésped Ilustre de La Habana, Cuba, 1992

- Distinción por sus 50 años de vida artística, Cuba, 1992

- Micrófono 70 Aniversario de la Radio Cubana, Cuba, 1993

NINÓN MONDÉJAR: CRONOLOGÍA

1914

Nació en Calimete en la provincia de Matanzas, el día 25 de Septiembre. Hijo de Cipriano Mondéjar y Blanca Soto.

1932

Debutó como cantante profesional en el trío de la Emisora radial CMX de La Habana. Cantó con varias orquestas típicas y danzoneras durante la década del treinta.

1940

Fundó, su primera Orquesta La Triunfal, siendo dirigente del Partido Socialista Popular (PSP) en el municipio de Marianao.

1945

Ninón Mondéjar reorganiza la orquesta Triunfal y la nombra Orquesta América.

1948

Fundó la Federación de Sociedades Juveniles. Ninón Mondéjar desarrolló la idea de crear un danzón para cada sociedad o club, por esto se le conoce a la Orquesta América como: Los creadores del danzón cantado.

1953

En Septiembre de este año, registra los primeros Cha cha chás, en la Sociedad de Autores de Cuba: «La verde Palma Real» y «Yo no camino más», ambos de la autoría de Ninón Mondéjar.

1954

9 de Septiembre. A través del Periódico *Prensa Libre*, Ninón Mondéjar (Orq. América), Pedro Vila (Orq. Riverside) y Luís Santí (Conjunto Santí) convocan a todos los directores de agrupaciones musicales al acto de fundación y toma de posición de la Asociación de Directores de Agrupaciones Musicales (ADAM), la cual preside Ninón, para el día 14 de Septiembre en el Club San Carlos en Santos Suárez. Esta novel organización agrupó a todos los directores de Orquestas, Conjuntos, Tríos.

1955-1958

Ninón Mondéjar y su Orquesta América internacionalizan el Cha cha chá en México, participando en varios Filmes musicales y realizando giras por todo México, República Dominicana y Estados Unidos. Rivalizó con el Mambo, el Merengue, el Calipso y el Rock´n Roll, saliendo airoso y cuando el Cha cha chá pasó de moda creó el ritmo Jumpy.

Septiembre de 1958, regreso definitivo a Cuba

1959

Viaje a Austria, España y Moscú

1974

Ninón Mondéjar, se jubila por problemas de salud.

2006

Fallece Ninón Mondéjar el 27 de enero a la edad de 91 años

Ricardo Roberto Oropesa Fernández

Cienfuegos, Cuba (1955)

Doctor en Ciencias Pedagógicas por la Universidad Pedagógica de La Habana Enrique José Varona. Autor de varios títulos académicos y educativos, compositor musical, productor artístico, promotor cultural, investigador y escritor.

Conferencista en cursos relacionados con la creatividad artística, técnica y lúdica en la música tradicional cubana y otros temas sobre la rumba, el son y el chachachá. Como integrante del Septeto Nacional Ignacio Piñeiro ha alcanzado múltiples distinciones y reconocimientos nacionales e internacionales.

Autor de *Las oscuras leyendas de Chano Pozo; Miguelito Valdés, La voz del tambor y La Habana tiene su son.*

HISTORIA IMPRESCINDIBLE DE LA MÚSICA

El presente libro es un fascinante e insólito relato de los grandes acontecimientos que tuvieron una importancia fundamental en la evolución de la música. El autor, con un lenguaje accesible para cualquier público, repasa la historia y los aportes de algunos países en los diversos géneros musicales, así mismo nos habla de tonalidad y oído absoluto, instrumentos, artistas, compositores, música clásica, ópera, rock, jazz, teatro musical, big bands, rock and roll, bolero, salsa, reggae, etcétera.

La música nace con el hombre y lo acompaña hasta la muerte. No puede concebirse un mundo sin música. Nietzsche lo expresó con una sola frase: «Sin música la vida sería un error». Disfrutar de la música, en general, o entender la que escuchamos cada día, requiere conocer y entender cómo y por qué ha evolucionado a lo largo del tiempo. Esta obra no es un ensayo crítico y profundo, es un libro ilustrado que se disfruta, que nos invita a visibilizar nombres, hechos y circunstancias para comprender por qué amamos la música. El propio autor nos aclara: «... la música que nos pertenece a todos, no necesita demasiadas palabras ni un exceso de detalles académicos para gozarla y amarla. Y así, sin demasiadas palabras ni detalles académicos, pero partiendo del gozo y el amor por la música, escribimos este libro».

HISTORIA IMPRESCINDIBLE DE LA MÚSICA — FÉLIX J. FOJO

DESDE SUS ORÍGENES HASTA EL REGGAETÓN

NARCISO RAMÓN ALFONSO GÓMEZ

CLAVELITO

EL HOMBRE DETRÁS DEL MITO

¿Cree usted en los Milagros? ¿Cree usted en el poder de la mente?, ha logrado mantener la fe en estos tiempos difíciles. Primero tomé un vaso con agua y póngalo en el lugar más elevado de su casa y ponga su pensamiento en Clavelito, antes de comenzar a leer este apasionante libro. Es él, Miguel Alfonso Pozo, quien regresa, después de cuarenta y cinco años de haber abandonado este mundo físicamente, porque en espíritu, se quedó en el imaginario de un pueblo que nunca lo olvidó y como compositor de música campesina ocupa un lugar privilegiado en el patrimonio cultural cubano. Afirmo: «soy el cronómetro de la humanidad, para mí no hay pasado, presente ni futuro, yo soy el tiempo». Clavelito les va a contar su vida, el por qué tuvo tantos seguidores y les va a ofrecer consejos muy valiosos para la salud mental.

Solo pidió un sombrero de guano, una bandera y un son para bailar, aunque no lo sepamos, casi todos los cubanos hemos escuchado su música, «El caballo y la montura», «El Rinconcito», «Chupando caña», entre otras, ya sea en la voz del Benny Moré; Celina González, la Reina de la música campesina; Poteto y Filomena; Abelardo Barroso; Cascarita con La Casino de la Playa, las voces que interpretaron sus canciones acompañados de la gran Sonora Matancera como la de Bienvenido Granda y la orquesta Sensación, entre otras. Clavelito derrocha a través de sus composiciones cubanía por el mundo, en sus letras está la vida del guajiro, la flora y fauna de los campos cubanos, la belleza de nuestras mujeres. Como se anuncia en «Oye mi Olololeí», tema que tanto hemos escuchado en el programa de televisión Palmas y caña.

Homenaje muy merecido es esta publicación, con un testimonio de primera mano, nos devuelve a aquel que a decir de Germán Pinelli: «Cuando se hable de la historia de la radio en Cuba, hay que hablar de Clavelito, como nadie supo integrar su arte y carisma al entretenimiento radial».

CLAVELITO — **EL HOMBRE DETRÁS DEL MITO** — NARCISO RAMÓN ALFONSO GÓMEZ

FAUSTINO ORAMAS · EL GUAYABERO — Zenovio Hernández Pavón

Zenovio Hernández Pavón

FAUSTINO ORAMAS
EL GUAYABERO
REY DEL DOBLE SENTIDO

«El autor nos entrega una semblanza biográfica de este singular hombre en un libro donde podremos hallar esencialmente, en cuerpo y espíritu, los derroteros de un músico popular excepcional.

Faustino Oramas, El Guayabero, suma la picardía al decir de la trova. Picardía que no es sinónimo de bajeza o fraudulencia sino audacia e inteligencia para sacar el mejor provecho de situaciones adversas. Hay que decir que pocos autores de la música popular han tenido, como Faustino Oramas, la facilidad de recursos, la gracia y la imaginación para el manejo de situaciones peliagudas con lenguaje simple pero debidamente escogido de modo que provoque la chispa de humor sin grosería.»

«Casi nadie lo conoce por su verdadero nombre. Sin embargo, cuando se habla de El Guayabero viene a la mente de todos los cubanos su peculiar estampa y el criollísimo humor de sus canciones.

Faustino Oramas es por ello, tal vez, el último representante de aquella generación de soneros que vivieron de la música y para la música, y supieron transmitir a su obra la idiosincrasia del cubano, que siempre se reconoce en las canciones de este juglar oriental.»

Leonardo Padura

«El Guayabero es un genio popular cuyas características, muy especiales dentro de la música popular cubana, no pueden clasificarse en una tendencia determinada. Creo que, desgraciadamente, no habrá otro como él.»

Pablo Milanés

«Él es un tresero popular de tumbas, que utiliza un diseño melódico rítmico muy reiterado, en cuya célula más elemental radica el sabor cubano.»

Pancho Amat

UNOSOTROS

9 781950 424245

PASIÓN DE RUMBERO — María del Carmen Mestas

PASIÓN
DE RUMBERO

Entrevistas, anécdotas, crónicas, testimonios, reseñas y fichas con datos de rumberos

María del Carmen Mestas

Este libro es, sobre todo, un homenaje a todos los rumberos cubanos que en distintas épocas han contribuido a engrandecer el género. Hay que sentir verdadera pasión por la rumba para escribir algo así, a ritmo de tambor bailan los recuerdos a través de testimonios de primera mano recogidos durante más de cincuenta años a personajes de la talla de Mañungo, el Rafael Ortiz del 1,2,3..., la conga más famosa del mundo, a Tío Tom porque a esta fiesta de caramelos sí pueden ir los bombones a Petrona, orgullosa de haber nacido en la Timba, la hermana de Chano Pozo, bebe de la fuente original y nos brinda un valioso documental para saciar nuestra insaciable sed por la música cubana. Como es mujer, la autora, no olvidó a la mujer rumbera, tan preterida, tan maltratada hasta por el propio ritmo y los propios rumberos, aquí estamos con Nieves Fresneda, Merceditas Valdés, Celeste Mendoza, Teresa Polledo, Natividad Calderón, Manuela Alonso, Zenaida Almenteros, Estela, con Yuliet Abreu, La Papina, representantes de la nueva generación. Y si de juventud y relevo se trata hay que resaltar en esta edición la inclusión de las generaciones actuales de rumberos, los encargados de seguir el legado y mantenerlo vivo, fresco en los bailadores en estos tiempos de reguetón. Aquí también están Iyerosun, Timbalaye, Osaín del Monte y Rumbatá.

Y ya el Benny no podrá lamentarse en su centenario de la muerte física: *Qué sentimiento me da, cada vez que yo me acuerdo de los rumberos famosos...* volveremos a ir a la rumba con Malanga... con Chano y con María del Carmen Mestas, porque la rumba tiene nombre de mujer.

UNOSOTROS MÚSICA

9 781950 424610

CHANO POZO. LA VIDA

ROSA MARQUETTI TORRES

CHANO POZO
LA VIDA (1915 - 1948)

RAMÓN FAJARDO ESTRADA

RITA MONTANER
TESTIMONIO DE UNA ÉPOCA

ESTUDIO ARMÓNICO DEL LAÚD CONTRALTO CUBANO

Erdwin Vichot Blanco

El laúd es un instrumento musical de cuerda parecido a la bandurria, pero de caja más grande y sonido menos agudo. Existen hoy muchas variedades en el mundo. Hay un laúd cubano (contralto) que tiene la misma apariencia que la versión española, solo que la afinación es diferente. Este instrumento se vincula con el campo, las tonadas, el punto y otras obras musicales como: guajiras, habaneras y criollas.

El destacado laudista cubano Erdwin Vichot Blanco, considerado por el periódico El Ideal, de España, como: «El Jimmy Hendrix del laúd», ha ideado este libro como una herramienta de aprendizaje para las nuevas generaciones interesadas en continuar la tradición. De forma didáctica el autor nos deja instrucciones, recomendaciones, enunciados de acordes y posiciones que seguro serán de gran utilidad para el estudio a los futuros laudistas.

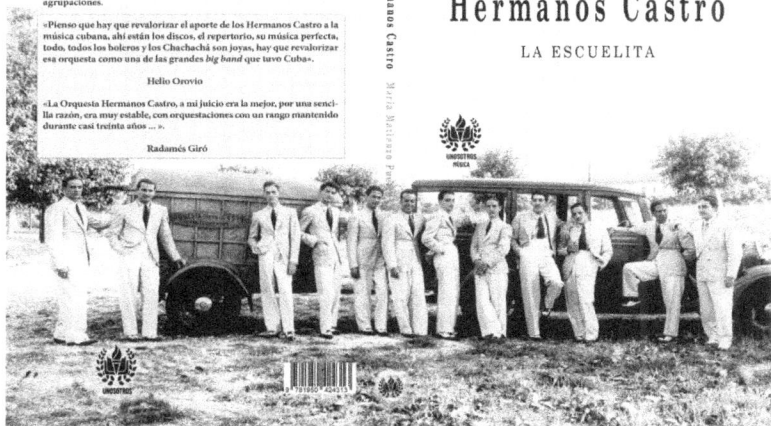

María Matienzo Puerto

ORQUESTA Hermanos Castro

LA ESCUELITA

Libro biográfico acerca de la agrupación más duradera, de las llamadas orquestas familiares de Cuba: Orquesta Hermanos Castro. La autora, valiéndose del archivo familiar de los Castro, hace un recorrido por la trayectoria musical de esta pionera big band a la que se llamó «La escuelita» y de la que surgieron numerosos talentos, que luego hicieron carrera bien como solistas, o como integrantes de otras agrupaciones.

«Pienso que hay que revalorizar el aporte de los Hermanos Castro a la música cubana, ahí están los discos, el repertorio, su música perfecta, todo, todos los boleros y los Chachachá son joyas, hay que revalorizar esa orquesta como una de las grandes big band que tuvo Cuba».

Helio Orovio

«La Orquesta Hermanos Castro, a mi juicio era la mejor, por una sencilla razón, era muy estable, con orquestaciones con un rango mantenido durante casi treinta años ... ».

Radamés Giró

ROBERTO FAZ MONZÓN
EL MEJOR SONERO BLANCO

El autor atraviesa la Bahía de La Habana para llegar a Regla, la tierra de Roberto Faz, músico cubano que tuvo una gran popularidad en los años cincuenta y sesenta como cantante y director de su Conjunto. Allí entrevista a familiares, músicos y amigos del sonero para lograr plasmar la trayectoria artística y de vida de uno de los nombres indispensables en la historia de la música popular cubana.

Faz en sus inicios, participó de varias orquestas y conjuntos destacando sobre todo como cantante del Conjunto Casino. Es considerado uno de los vocalistas más versátiles y mejor afinados de la Isla como su contemporáneo, Benny Moré. Entre sus éxitos están: *Comprensión, Desda, Quiéreme y verás, Realidad y fantasía, A romper el coco, Que se corta la bola, Como vivo en Luyanó, Cositas que tiene mi Cuba, Pintate los labios María, Dengue de la caña, Dengue del pollo, Dengue en Fa.* Sus famosos «popoditos» en aquellos memorables «mosaicos», viven en el recuerdo de los amantes del bolero que tienen en Roberto Faz a una de sus más auténticas voces.

«...como sonero extraordinario, fue el primer blanco en cantar sones».

MIGUELITO CUNÍ

«el mejor sonero blanco que dio Cuba».

TITO GÓMEZ

«Uno de los grandes valores, su nombre está al lado de Benny Moré y otras grandes figuras»

ROBERTO ESPÍ

ÁNGEL MANUEL

256

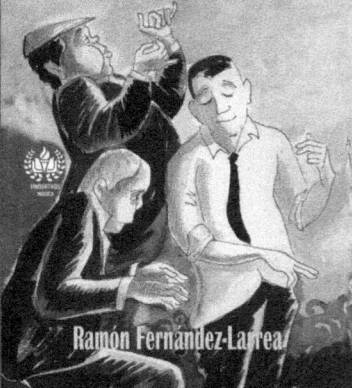

Kabiosiles
Los músicos de Cuba

Aquí están reunidos sesenta y seis retratos de nuestros dioses terrenales: los músicos de Cuba. Esos que andan en nuestra memoria, en nuestra piel y en la niebla de nuestra identidad. Son los rostros que conforman nuestro ADN sonoro. Estos «Kabiosiles», son saludos desde lo más profundo del corazón.

Vicentico, Benny Moré, Rita, La Lupe, Bola de Nieve, Celia Cruz, Machín, Arsenio Rodríguez, son algunos nombres en ese mapa de lo que somos. Porque, como escribió el poeta Ramón Fernández-Larrea, el autor de este libro: «Bajo la noche catalana, en las calles de melancolía de París, en viejos pueblos volcánicos de Canarias tengo una luz. De esa luz baja una lluvia como un son espléndido como la vida, con guiños de mujer y olores que me mecen, y el alma se divierte y se expande, y es la única razón que nos une y nos abraza a todos por igual. A tristes y serenos, a poetas y amargados, a viudos y cumbancheros, a cercanos y lejanos. Los que siempre nos encontraremos en el único mar de nuestros sueños reales».

KABIOSILES
LOS MÚSICOS DE CUBA

Ramón Fernández-Larrea

257

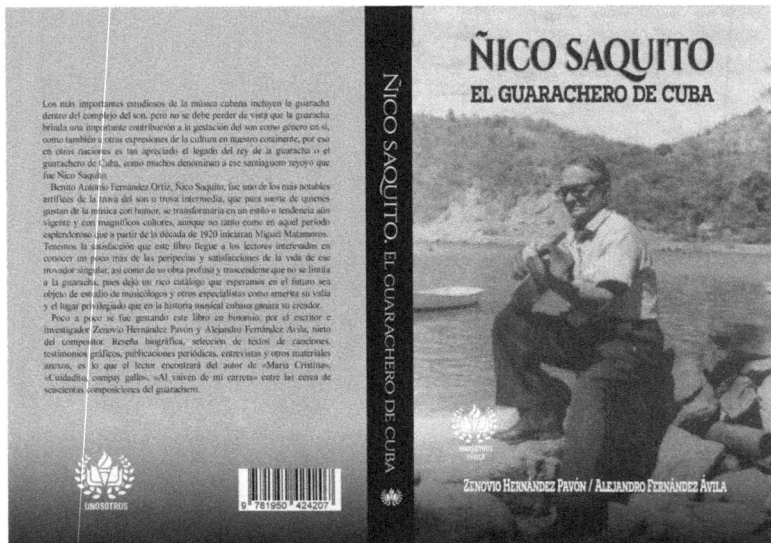

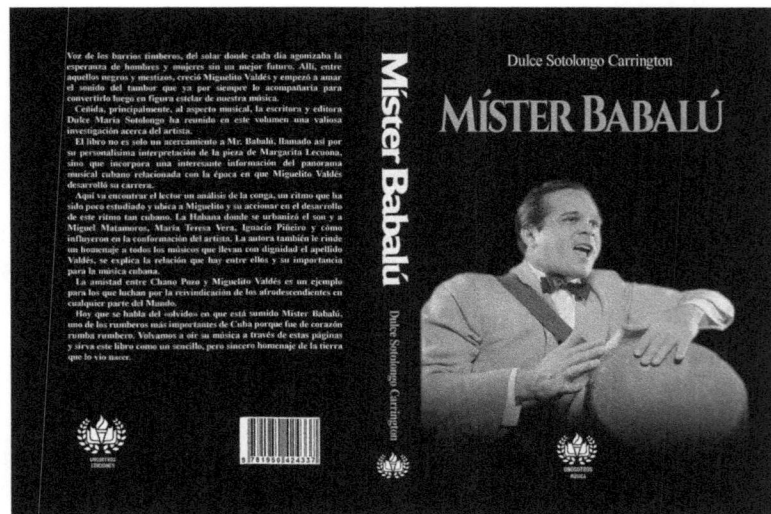

El autor, en esta tercera y última entrega de la Trilogía de Arsenio Rodríguez, describe en detalle el papel que el genial artista cubano jugó en el advenimiento y desarrollo del mambo, y al mismo tiempo nos cuenta aspectos de la determinante participación del Corsario Negro de la Chambelona en la posterior aparición de la pachanga, el boogaloo y la salsa, relatando pormenores de las actuaciones del reconocido músico en el circuito de los clubes nocturnos neoyorquinos en los que dejó la imborrable huella de su genealogía africana a través de un extenso legado musical que ha permanecido vigente hasta nuestros días por intermedio de sus numerosos intérpretes.

«La obra de Arsenio Rodríguez es el aporte más importante a la música bailable cubana y al son. Arsenio revolucionó el son».

Chucho Valdés

«Cuando hablas de música cubana, tienes que hablar de antes y después de Arsenio Rodríguez».

Eddie Palmieri

«Para mí Arsenio es como un Duke Ellington o un Frank Sinatra en Estados Unidos, y cambia la forma de la música cubana, y para mí el Ciego Maravilloso es el único».

Larry Harlow

UNOS&OTROS
EDICIONES

ARSENIO RODRÍGUEZ
EL CORSARIO NEGRO DE LA CHAMBELONA

JAIRO GRIJALBA RUIZ

UNOS&OTROS
EDICIONES

LUIS MARQUETTI
GIGANTE DEL BOLERO
EL HOMBRE SIN ROSTRO

LUIS CÉSAR NÚÑEZ GONZÁLEZ

www.unosotrosediciones.com

infoeditorialunosotros@gmail.com

UnosOtrosEdiciones

Siguenos en Facebook, Twitter e Instagram:

www.unosotrosediciones.com